아이 셋 싱글맘, 연봉 3억

# 아이 셋 싱글맘, 연봉 3억

**초판 1쇄 인쇄** 2023년 6월 20일
**초판 1쇄 발행** 2023년 6월 25일

**지은이** 윤혜영
**펴낸이** 윤혜영
**펴낸곳** 한결 도서출판

**주소** 서울시 송파구 백제고분로22길 8-5 201호
**출판등록** 2023년 5월 8일
**신고번호** 제 2023-000065호
**E-mail** lentigo7@naver.com
**ISBN** 979-11-983482-0-3 (03800)

- 책값은 표지 뒤에 있습니다.
- 파본은 구입하신 서점에서 교환해드립니다.
- 이 책은 저작권에 의하여 보호를 받는 저작물이므로 무단 전재와 복제를 금합니다.

좌충우돌 유쾌한 워킹맘 스토리

# 아이 셋 싱글맘, 연봉 3억

윤혜영 지음

한걸

# Prologue

벌써 고등학교 1학년이 된 한결이와
중학교 2학년 남녀 쌍둥이 다엘, 다빛에게
책 읽는 엄마가
책 출간한 엄마가 되어 기쁘다.

연봉 3억이 되기까지
싱글맘으로서 배움과 도전으로
성공에 이르는 과정을 담아 보았다.
그리고 사랑하는 나의 엄마
김종선 여사님 존경합니다.

# Contents

**Prologue** ● 5

Part 01
아이 셋

내 동생 건든 놈 누구야? ● 13
다엘은 핸드볼 선수 ● 17
돈의 권력 ● 20
하위권 성적, 상위권 생활력 '엄마 스트레스 받지 마세요' ● 23
엄마도 아직 어리다며? ● 25
엄마 출근 시간이 늦어졌네? 사랑이 식었나? ● 27
우리 뒷바라지 안 하면 엄마는 롯데타워에 살 거야 ● 30
우리 엄마는 세상이 회사다 ● 35
중학교 아르바이트생 ● 40
한결이의 쪽지 ● 42
해외에서 보낸 엽서들 ● 44

# Part 02
## 싱글맘

회사 텐트에서 재우고 ● 53

다녀간 손님 ● 57

용기내 피아노 레슨 받다 ● 60

마행처 우역거(馬行處 牛亦去) ● 62

복수혈전 ● 64

불안을 잠재우는 법 ● 66

사우나에서 책 보는 이상한 여자 ● 69

커피 값 안 내려고 눈치 보기 ● 74

오늘 하루 ● 77

나는 본부 1등이다 ● 79

Part 03
**연봉 3억**

## Customer Relation
보험 세일즈는 우리 처제처럼 해야 해 ● 87
목사님께서 선생님은 진짜 멋진 의사래요 ● 90
안젤리나 졸리가 누구인가요? ● 93
소개 받아 간 곳에 노부부가 있었다 ● 97
진주 목걸이 살 형편이 안 됩니다 ● 99
나쁜 보험은 없다, 관리 받지 못한 보험이 있을 뿐이다 ● 101
제주살이 ● 103
제주 찍고 경주, 부산, 강릉 ● 105
경주 찍고 부산 ● 107
부산 찍고 강릉 ● 109

## Mental Management
눈에 보이지 않는 것을 세일즈 한다 ● 113
성공은 용기에 비례한다 ● 118
실패도 성공이다 ● 121
선택권을 내게로 가져 오는 법 ● 123
운이 실력이다 ● 132
하이 텐션 ● 135
에너지를 빼앗는 사람은 멀리하자 ● 139

기분 좋은 배려, 기분 좋은 향기 ● 141
사랑도 타이밍 보험도 타이밍 ● 143
소개해 주고 싶은 사람 ● 148
나만의 노하우가 영업왕을 만든다 ● 152
영업의 고수 ● 155
거절을 극복하는 방법은 거절의 진짜 이유를 아는 것 ● 157
받은 것만 기억하기 ● 160

## Goal Setting and Power of Execution

목표에 도달하는 최고의 방법, 목표에 먼저 가 있기 ● 165
500만 원 급여 통장 ● 169
800만 원 급여 받기 ● 171
1000만 원 경계 ● 174
2천만 원 ● 176
향기 나는 초를 주는 후배 ● 179
20년 전부터 지금까지 매주 남대문 시장을 방문하는 선배 ● 182

## Pride

나눔의 문화 ● 187
스터디 문화 ● 190
격려의 문화 ● 193
내게 MDRT란? ● 196
젊고 건강한 내가 미래의 늙은 나에게 ● 200

**Epilogue** ● 204

# Part 01
## 아이 셋

# 내 동생 건든 놈 누구야?

일을 마치고 들어와 저녁을 준비하는 데 아이들이 흥분해서 들어왔다. 한결이 눈은 밤탱이가 되어 있었고 막내 다빛은 울어서 엉망이 되어 있었다. 다엘은 나를 보자 서럽게 울음을 터트리며 자초지종을 털어놓았다. 놀이터에서 다빛이 친구랑 시비가 붙었고 보고 있던 그 친구의 형이 다빛을 때렸다. 울면서 집으로 온 다빛은 형에게 이르고 한결이는 곧바로 동생 둘을 앞장세워 놀이터로 다시 갔다. 대뜸 큰 소리로 "내 동생 건든 놈 누구야? 나와!" 그런데 덩치 큰 친구가 나왔다. (한결이는 초등학교 내내 왜소했다.) 둘이 치고받고 싸웠고 일방적으로 많이 맞

▲ 입사할 당시 아이들 사진

▲ 사이좋은 삼남매

았단다. 상황을 다 들은 후, 세 아이를 앞세우고 다시 놀이터로 갔다. "우리 아이들 건든 놈 누구야?" 때린 아이는 동생과 함께 이미 집에 갔단다. 그 아이를 만나야 했다. 한결이랑 동생들이 계속 맞지 않게 얼굴도장이라도 찍어 놓고 싶었다. 아이 집을 물어물어 찾아갔다. 세 아이를 데리고 초인종을 눌렀다. 아이들 엄마가 나왔다.

'우리 아이들을 때려 이렇게 멍이 들었다. 다시는 이런 일 없도록 이야기하고 싶다'고 하니 아이 어머니는 미안해 했다. 난, 이번은 봐 주지만 다음에 또 이런 일이 있으면 그냥 넘어가지 않겠다며 으름장을 놓았다. 그리고 아이들끼리 '미안하다, 괜찮다' 사과를 주고받고 나오는데, 싸움의 주범이었던 동생 아이가 다빛에게 "놀다가 갈래?" 한다.

그러자 막내 다빛은 분위기 파악 못하고 "엄마, 나 여기서 좀 놀다 가도 돼?" 한다. 억지로 끌고 나와 첫째 한결이랑 둘째 다엘이랑 나랑, 모두 막내 다빛에게 눈치 없다며 "이 상황에 놀다 가겠다는 말이 나오냐?"고 했다. 얼굴에 멍이 든 다빛과 밤탱이 눈의 한결이, 약한 두 남자를 지켜보며 서러웠던 다엘을 데리고 나오니 밖은 캄캄했다.

우리는 그날 치킨을 세 마리나 주문해 실컷 먹었다. 눈에 든 멍은 꽤 오래 갔다. 가족 모임에서 삼촌 이모들이 "눈이 왜 그래?" 물으면, 한결이랑 다빛의 무용담이 시작된다. "제가 내 동생 건든 놈 누구야? 했더니, 4반 성호가 나오는 거예요. 걔 키가 진짜 크거든요. 그래서 내가 먼저 허리를 잡고 밀어붙였어요. 많이 맞았지만 절대 놓지 않았어요. 제가 힘은 좀 세거든요." 이모 삼촌들이 형은 역시 멋있다며 다빛은 멋진 형이 있어 든든하겠다 하시니 더 신나 이야기한다. 나중에 한결이 "엄마, 싸울 때 허리 잡는 건 안 좋아. 힘으로 제압하려다 더 맞았어. 다른 기술을 써야겠어." 한다. 그 이후로 지금까지 싸우지 않아 다행이다.

  고등학생이 되기까지 오랫동안 꼬마 한결이를 의지하며 지냈다. 회사 다녀오면 집안 정리정돈을 다 해 놓아 들어오면 기분이 진짜 좋았다. 설부자(설거지)도 해 놓는다. 큰외삼촌 집에 갔을 때, 사촌형 방을 정돈하여 용돈도 많이 받은 적 있다. 동생들 먹을 것도 잘 챙겨주고 동생들이 놀다가 좀 늦으면 전화하고 걱정하며 주의도 준다. 쌍둥이 생기면서 심부름도 다 맡겼다. 이혼 후 나도 모르게 많은 부분 의지했다. 한결이는 지금 뉴질랜드 유학중이다. 꿈을 향해 떠났다. 날마다 통화하며 생각과 마음을 나눈다. 동생들 돌보고 엄마 도와주느라 고생한 한결아! 이제 네 꿈을 향해 노력하고, 너만 생각해. 우리가 응원할게. 그동안 고생 많았다. 감사하고 사랑한다.

## 다엘은 핸드볼 선수

운동 신경이 남다른 다엘은 태권도 발차기를 예술로 하더니, 핸드볼 선수로 발탁되었다. 짧은 헤어스타일에 키가 크니 사람들이 오해를 한다. 아드님이 잘생겼다는 칭찬을 많이 듣는다. 6살 조카 아들이 우리 집에 놀러 와 다엘을 쫓아다니며 "형아! 형아!" 한다. 짧은 커트 머리를 만지며 뒤통수가 납작해 헤어스타일이 안 산다며, 순하다고 눕혀만 놓아 그러니 엄마 책임이라고 한다. 다엘이는 아기 때부터 유독 순하고 똑 부러졌다. 오빠와 다빛 사이 싸움도 중재한다. 다빛이 신발도 신겨 학교에 데리고 가고, 학교 안 크고 작은 사고들은 다엘 손에서 다

▲ 다엘의 발차기

▲ 서울시 대표 선발전

해결한다. 야무진 딸 덕에 초등학교 내내 편한 엄마였다. 한번은 다빛이 "우린 같은 나이고 심지어 1분만 먼저 나왔는데, 왜 꼭 누나라고 불러야 하냐?"며 따졌다. "그럼 지금부터 엄마 뱃속에서 먼저 생긴 니가 오빠 해. 단, 조건이 있어. 다엘 누나처럼 양보하고 챙겨. 너도 오빠 역할을 해야 해!" 그랬더니 두 말 않고 바로 누나라고 부르겠단다.

달리기를 잘하는 다엘이 계주선수로 뽑혀 바통을 이어받은 후 역전해 청팀이 우승을 차지했던 순간이 떠오른다. 지금 생각해도 다시 가슴이 터질 듯하다. 작년에는 핸드볼팀에 입문하자마자 서울시 대회에 나가 6년 만에 팀이 우승하는 데 기여했다. 서울시 대표로 소년체전에 나갔는데 강호들과 쟁쟁히 맞섰지만 패배했다. 펑펑 우는 다엘이를 보며 흐뭇했다. 승부욕 있는 모습이 기특하다. 최근 새벽에 나가 아침 운동하고 학교 마친 후 저녁 운동을 한다. 집에 오면 8시 반. 회복 운동하고 냉찜질 동영상 올리고 침대에 누우면 바로 잠든다. 요즘 우리 집에서 다엘이 제일 열정적이다.

## 돈의 권력

집에서 돌보는 시간이 적으니 최대한 아이들을 독립적으로 키우려 많은 고민을 했다. 학교 방과 후 수업으로 요리 프로그램 리틀 쉐프에 6년 정도 보냈다. 맛살 넣은 초밥, 샌드위치, 쿠키와 빵, 잡채 등 맛있는 요리를 만들어 온 수업이다. 수업이 있는 날은 맛있는 음식 먹을 기대로 즐거웠다.

주말에는 한결이가 자주 맛있는 요리를 해 예쁜 그릇에 담아주고, 출장 다녀오면 소소한 요리로 감동을 준 적도 많다. 청소하는 습관을 들이려 "청소력"을 읽히고, 깨끗함이 주는 이로움을 나누었는데, 크게 동감한 한결이는 설거지를 설거지가 아닌

'설부자'라고 부른다. 할수록 부자 되는 거라며 즐겁게 한다. 우리 집에서 늘 설부자는 "내가 할게!"라고 한다. 책을 읽히려고 책 한 권당 1천 원의 보상을 걸었다. 치킨이 먹고 싶거나 사고 싶은 물건이 생기면 아이들은 책을 쌓아 놓고 읽기 시작한다. 한 권당 1천 원, 소리 내어 읽으면 2천 원이다. 지금은 책의 수준이 올라가 글밥이 더 많아졌고, 단가도 올렸다. 꼭 읽히고 싶은 책이 나오면 만 원이다.

아이들이 어플로 음식을 시켜 먹는 것을 좋아해 외식비가 크게 늘어 고민이었다. 가족회의 시간에 제안을 하나 했다. 한 달 용돈을 받아 그 돈에서 시켜 먹고 아껴 쓸 것인지, 아니면 일주일에 두 번 음식 시켜주고 필요할 때마다 용돈을 받을 것인지 선택하라고 했다. 한 달 용돈을 아껴 남은 돈이 있다면 남은 금액만큼 더 주겠다고 했다. 아이들은 전자를 택했다. 중학생이 된 한결이는 20만 원, 아직 초등학생인 동생들은 2주에 7만 원으로 책정하고 현금을 줬다.

다음날 한결이와 아이들은 롯데몰로 갔다. 한결이는 동생 선물도 사주며 5만 원만 남기고 돈을 다 썼다. 아이들 용돈은 첫 주에 바닥났다. 오후에 전화가 온다. "엄마, 뭘 좀 주문해 먹으려면 제가 어떤 일을 하면 될까요? 설부자도 하고 청소도 하고 빨래도 하고 책도 볼게요. 더 해야 할 건 없나요?" 그 달의 남은 시간, 열심히 책 읽고 설부자 하고 집 청소하고 엄마일 도우며 연명했다. 나는 돈의 권력을 누렸다.

▲ 2살 쌍둥이들

▲ 중학생 다빛

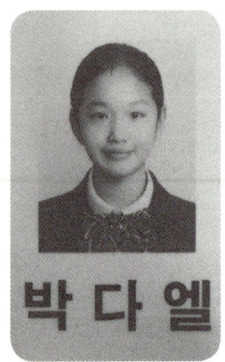
▲ 중학생 다엘

# 하위권 성적, 상위권 생활력
## '엄마, 스트레스 받지 마세요'

오랫동안 다녔던 수학 학원을 자꾸 빠지는 다빛, 어떤 조치가 필요했다. "학원 안 다니고 싶냐?"고 물으니 "그렇다"고 한다. "그럼 니가 선생님께 직접 말씀드려!" "엄마가 말해 주시면 안 돼요?" "스스로 말 못 하고 엄마가 말해줘야 하는 거면 넌 그냥 시키는 대로 해. 그럼 계속 다녀." "아니에요. 말할게요. 말할 수 있어요." 그러고는 선생님과 방에서 한참을 이야기했다.

   방에서 나온 선생님은 "많이 컸네요."라며 웃으신다. 그날 우리는 소고기를 먹었다. "네 학원비로 한 달에 두 번 정도 소고기 먹을 수 있다." 하니 다빛이한테 가족 모두가 고마워했다.

최근 서명해 달라며 시험지를 가져왔다. 앞장을 넘겨 보니 점수가 하위권이다. "이거 한 번 읽어 보기만 해도 50점은 맞을 수 있을 것 같은데. 엄마랑 같이 오늘부터 공부하자." 그러자 다빛이 "엄마, 스트레스 받지 마세요."라고 한다. 그러고 보니 직접 가르치다 보면 엄청 스트레스 받을 것 같다. "그래 좋아. 근데 너 이런 점수 받으면 창피하지 않니? 자존감에 문제 없겠어?" 다빛은 전혀 문제없다고 한다. 전업주부였다면 공부 뒷바라지를 잘 했을까? 의문이 든다. 다빛은 자신이 원하는 피아노와 태권도 외 다른 사교육은 받지 않는다. 용돈이 필요하면 책을 읽고 엄마 회사에서 보험금 청구 알바도 한다.

  할머니 병간호 가는 날이면 어김없이 따라와 1박 2일 동안 간호를 돕는다. 나보다 더 잘 케어해 줄 때가 많다. 마음이 따뜻한 아이다. 비록 수학 점수는 낮지만, 생활력 강한 아이다. 음악을 좋아하고 자존감이 높다.

◀ 책 읽으며 용돈 버는 중인 다빛

# 엄마도 아직 어리다며?

엄마가 뇌졸중으로 쓰러져 입원하셨다. 병원에서는 코로나로 면회가 쉽지 않았다. 힘겹게 엄마를 보고 돌아와 눈물이 멈추질 않는다. "엄만 아직 아이 같아. 할머니 없으면 어떻게 살지?" "할머닌 이겨 내고 다시 건강해지실 거예요. 엄마, 힘내!" 한결이가 엄마인 나를 위로한다. 위로를 받는다. 며칠 후 엄마는 퇴원하고 건강이 좋아지셨다.

  한결이가 큰외삼촌 집에 놀러 갔다가 오는 길에 데리러 와 줄 수 있는지 전화로 묻는다. 다 큰 녀석이 혼자 지하철 타고 오라고 했더니 "엄마, 기억 안 나? 할머니 아프실 때 엄마도 아직 어리다며? 하물며 나는 어떻겠어? 그러니 데리러 와." 바쁜 와중에도 그 말 끝에 더 군소리 없이 데리러 갔다. 아이에게 많이 배운다. 설득의 힘.

▲ 아이들과 여행 중 점프

# 엄마 출근 시간이 늦어졌네?
# 사랑이 식었나?

시간 관리에 대한 질문을 많이 받는다. 직책이 달라지고, 영업 퍼포먼스가 좋아지면서 회사에서 강의할 기회가 많아졌다. 아침 일찍 출근한다. 고객들 만나고 회사 업무 처리하고 4시 퇴근한다. 고액 연봉자가 되려면 일하는 시간이 더 많아져야 한다고 생각하는 듯하다. 업무 외 집안일까지 포함하면 일은 정말 많다. 일에 탄력이 붙으며 욕심이 많아졌다. 일만 하라고 하면 밤을 새워도 재미있겠는데, 입 벌리고 엄마 새 오기만 기다리는 제비 새끼들이 집에 3마리나 있어 시간 관리가 정말 중요했다. 일할 시간이 없어 쫓기는 상황이 오니 여유가 없어졌다.

방법을 강구해야 했다. 아이들이 어린이집 다닐 때는 오전 7시 반에 아이들을 맡길 수 있었는데, 초등학생이 되면서부터는 여유가 없어졌다. 쌍둥이가 초등학교 2학년일 때 첫째에게 등교를 맡겼다. 큰아이가 동생들 데리고 학교에 간다.

오전에는 저녁보다 차분해서 아이들이 싸우지도 않고 사이가 좋다. 저녁에는 어떤 일이 벌어질지 모른다. 잠시도 애들끼리 그냥 둘 수 없었다. 초등학교 2학년부터 지금까지 아이들은 스스로 일어나 학교에 간다. 한번은 학교에 아이들이 안 왔다고 선생님으로부터 전화가 왔다. 전화를 한결이 핸드폰으로 걸고, 집 전화로도 했지만 안 받아서 아래층 이모님한테 전화 드렸다. 이모님이 그때까지 자고 있던 아이들을 깨워 학교에 보내셨다. 그 후로도 아래층 이모님과 위층 이모님께 많은 도움을 받았다. 어느 날 집에 서류를 두고 와 오전에 들렀는데, 대문이 반쯤 열려 있었다. 가슴이 철렁했다. 마지막 나가는 아이가 문을 닫지 않고 학교에 갔나 보다. 집에 누가 들어온 흔적은 없고 사라진 것도 없었다. 운이 좋은 건가? 좋은 주민들 덕분인가? 높은 시민의식. 세계 상위권의 경제 대국. 감사하다.

눈을 뜨면 엄마는 늘 없다. 일도 잘해야 하고 아이들도 잘 돌봐야 한다는 마음에 하루하루 살얼음 위를 걷는 것 같았다. 막다른 골목에 몰리는 느낌이 들 때면 혼자 답도 없는 질문을 던진다. '난 왜 애가 셋일까?' 내면의 이런 갈등을 아이들에게는 들키지 않으려 노력한다. 5시 이후로 맛있는 음식을 먹고 보드게임도 한다. 그래도 피곤한 기색이 없으면 에너자이저들과 공원에 가 신나게 뛰어 논다. 침대에 머리만 대면 잠이 쏟아진다. 별빛처럼, 폭포수처럼. 불면과는 거리가 먼 시간이다. 그때의 가장 큰 목표는 높은 급여가 아니라, 5시 출근 5시 퇴근이었다.

내가 생각하는 사랑은, 아침 일찍 출근하고 일찍 퇴근하는 것이었다. 아침 출근 시간이 빨라지는 게 아이들에 대해 미안한 마음을 갚는 것이라고 생각했다. 그 습관이 몸에 배어 가끔 8시에 출근하면 죄책감이 들 때가 있다. 요즘 핸드볼 운동을 하는 다엘이 나보다 더 일찍 학교에 갈 때가 있는데 "엄마, 출근 시간이 늦어졌네? 사랑이 식었나?"라고 말한다. 사랑이 깊을수록 잠이 쏟아진다. 별빛처럼 폭포수처럼.

# 우리 뒷바라지 안 하면
# 엄마는 롯데타워에 살 거야

아이가 셋이라는 것이 어떤 것인지 키워본 사람만 안다. 넷은 나도 모른다. 첫째 한결이 임신을 확인하고 산부인과에 갔더니 너무 빨리 왔다고 2달 후 다시 오라고 했다. 두 번째 임신 때는 여유 있게 2달 지나서 병원에 갔다. 선생님은 초음파를 보면서 "한 명이 더 있네요."라고 했다. 쌍둥이였다. 혼자 산부인과에 다녀온 그 날, 가족 모임에서 쌍둥이를 말했더니, 모두 특별하다며 기뻐하고 축복해주었다. 그러나 쌍둥이를 키우는 것이 어떤 것인지 키워본 사람만 안다. 삼둥이는 나도 모른다. 쌍둥이를 임신하고 하루가 다르게 배가 엄청 나오기 시작했다. 뱃

속에서의 하루는 출산 후 한 달과도 같다는 선생님 말씀을 새겨듣고 최대한 조산하지 않으려 주의했다. 7개월 차 기형아 검사, 두 아이 모두 다운증후군 수치가 1기준치를 훌쩍 넘은 결과지가 나왔다. 자세한 것은 양수 검사를 해 봐야 안다고 했다. 남은 3개월 동안 초조하게 고민하며 두려워하기보다 보험 혜택이 없어 비용이 비싼 양수 검사를 각각 했다. 결과가 나오기까지 일주일 동안 울면서 많이 기도했다. 결과는 이상 없음. 그때부터 우리는 아이들이 초등학교 입학하기 전까지 '암사원'이라는 장애아동 보호센터에서 아이들 씻기는 봉사 활동을 했다.

처음 한결이가 다녀오고는 자꾸 아이들이 뽀뽀해 가기 싫다고 하더니, 나중에는 종이접기를 해주고 책도 읽어주며 잘 돌봐주게 되었다. 쌍둥이가 4살 될 무렵엔 모두 같이 갔다. 처음 갔을 때 다빛이 한 친구에게 따귀를 맞고 울었다. 이후에는 그 친구를 더 챙기고 가끔 보고 싶다고 했다. 자연스럽게 아동들과 놀아서인지 구립어린이집에서 아픈 친구가 있으면 너무 잘 도와준다는 칭찬도 받았다. 1학년 때는 1년 동안 지체 장애가 있는 친구의 짝이 되어 잘 챙겨줘 선생님께서 작은 장학금도 주셨다.

타고나길 마음이 따뜻한 아이인지 지금도 할머니 병간호하는 날 빠짐없이 따라와 도와준다. 9개월 만에 건강하게 두 아이 모두 2.5kg씩 출산했다. 양수까지 합하면 정말 배가 남산만 했다.

쌍둥이를 임신해 움직이기도 힘들어 소파에 누워 잠깐 잠이 들었는데, 눈떠보니 한결이가 검은 크레파스로 온 벽지를 검게 칠해 놓았다. 배부른 몸으로 낙서 지우느라 고생했다. 빨래를 널려고 계단을 내려가다 걸려서 엄지발톱이 뒤로 젖혀져 빠진 적도 있다. 주사를 맞지도 못하고 날마다 소독하러 병원을 다녔다. 그때의 고통은 두 번 다시 경험하고 싶지 않다. 그래도 쌍둥이를 유모차에 태워 나가면 지나가는 사람들이 "예쁘다!" "귀엽다!" 해 주셔서 기분이 좋았다. 셋을 키우며 허리가 아파, 안아서 달래기가 힘들었다. 울리기로 마음먹었다. 다엘이는 10분을 울다가 엄마가 꿈적도 안 하자 떼쓰는 울음을 그쳤다. 다빛이는 40분을 울었다. 그리고 목이 쉬었는데, 10분 정도 충전하더니 다시 울기 시작한다. 잠깐 안아주고 눕혔더니 이번에는 20분을 운다. 그리고 잠시 안아주고 내려놓았더니 5분을 울다가 그치고 누워 논다. 이후 아이들이 안아달라며 떼쓰는 울음은 사라졌다.

그래서인지 우리 아이들은 삼촌 이모들이 안아주면 품에 폭 안겨 있다. 행여 내려 놓을까 꼭 붙어 있다. 그래서 사랑을 더 많이 받고 자랐다. 한결이 혼자였을 때는 집에 친구들이 자주 놀러 와 맛있는 것도 먹고 늘 북적였는데, 아이가 셋이 되고부터는 뚝 끊어졌다. 정신없이 셋을 키우는 모습만 봐도 맛있는 것 먹으며 즐길 수 있는 분위기가 아니었나 보다. 바늘방석에 앉은 기분이다. 뭔가 도와줘야 할 것 같은데 뭘 해줘야 할지 모르겠고, 함께 있는 시간이 즐겁지 않게 되었나 보다. 모임이 끝나면 같이 점심을 먹고는 했는데, 에너지 많은 세 아이와 점심 먹는 것이 불편을 주는 것 같아 모임 후에는 늘 집으로 왔다.

초등학교 고학년이 되고부터는 눈치 안 보고 편히 식당 가고 모임 후 식사도 하다 다 지나간다는 말이 와 닿는다. 세 자녀로 혜택을 받는 것은 다둥이 카드로 주차 할인, 방과 후 교육비 지원, 방과 후 교실 등이 있었는데 실질적인 도움은 크게 없었다. 청약을 넣으면 세 자녀에 한 부모니까 잘 될 거라고 생각했는데, 한 부모는 나처럼 혼자 아이 셋을 키운다고 한 부모가 아니다. 급여가 250만 원 미만이 되는 싱글맘, 싱글 파를 한 부모라고 하고 청약 시 가산점도 주고 혜택이 조금 더 있다. 그런데 어떻게 250만 원으로 아이 셋을 키울 수 있는지 묻고 싶다.

"아이가 셋이네요. 애국하셨어요." 무수히 들은 말이다. 저출산시대라 이런 이야기도 많이 들어 봤다. "아이가 셋이요? 부자시네요. 다복하시네요. 든든하시겠어요." 사실, 다복하다. 든든하다. 행복하고 너무 감사하다. 그러나 돈 엄청 들어간다. 치킨도 한 마리로 안 된다. 고깃집 가면 4명이 8인분 먹는다. 난 거의 먹지도 않는데 돈이 없어서가 아니라, 바라만 봐도 배가 불러서다. 최근 아이들끼리 거실에서 이런 이야기를 주고받는 걸 들었다. "엄마가 우리 뒷바라지 안 하면 롯데타워에 살 거야." 그 정도는 아니지만 듣고 있자니 흐뭇하다. 난 진짜 애국자다. 아이도 많이 낳았고 세금도 많이 낸다.

# 우리 엄마는
# 세상이 회사다

 큰 아이 한결이가 1학년 때다. 학교 마칠 때 엄마들이 교문 앞에서 아이들을 기다린다. 아이들은 두리번거리다가 엄마를 발견하면 반가운 마음으로 뛰어간다. 이 친구가 내 짝꿍이라며 자랑도 한다.

 학교 앞, 1학년 한결이 마중 나가는 시간이 정말 좋았다. 출근해 일하다가 한결이 나오는 시간에 맞춰 픽업했다. 가끔은 놀이터 앞 카페에 앉아 다른 엄마들처럼 가방을 지키며 여유로운 수다 시간을 갖고 싶었지만, 항상 여유가 없었다. 한 번은 한결이를 차에 태우고 회사로 향했다. 고객의 요청으로 보험 계약 청약서를 뽑아 만날 준비를 해야 했다. 어린이집은 오후 늦게까지 돌봐주지만, 1학년은 일찍 학교가 끝난다. 아직 학교 적응 기간이라 학원도 못 보낸 터라 방과 후 데리고 회사로 갔다. 가는 길에 한결이는 그새 잠이 들었다. 회사에 도착해 아이를 깨울까 망설이다가 주차장 경비아저씨께 아이를 잠깐 봐달라 부탁하고 사무실로 올라갔다. 서류를 뽑다 보니 꽤 긴 시간이 되었다.

내려오니 잠에서 깬 한결이는 초롱초롱한 눈망울로 "엄마 다 끝났어? 이제 집에 가면 돼?" "가는 길에 고객님 만나야 하는데 잠깐 더 기다려줄래?" 아이를 데리고 석촌역 사거리 스타벅스로 갔다. 미팅을 준비하는 데, 아무래도 아이와 같이 있으면 고객이 집중을 못 하고 계약이 미뤄질 것 같았다. 한결이에게 종이와 볼펜, 형광펜을 주면서 "여기서 그림 그리고 있어. 엄마는 저쪽에서 고객님 만나 상담하고 있을게. 엄마 끝날 때까지 기다려줘. 아는 척하지 않기!" 상담을 마치고 고객을 보낸 후, 결이 앞에 앉았다. "우리 맛있는 거 먹자." 다음날 학교에서 일기에 사인 받아 온 걸 보니 아래와 같다.

### 제목: 엄마 회사
                           2014년 12월 5일 금요일

학교 나오고 엄마 따라 회사를 갔다.
우리 엄마는 중요한 서류를 회사에 놓고 조금 일을 하는 동안
나는 잠에서 깨어나 나 혼자 원 카드를 했다.
그거를 하는 동안 자동차가 70대나 왔다 갔다 했다.
엄마는 왜 늦었냐면
엄마는 회시에시도 일하고 길거리에
나가서도 일을 한다.
나도 나중에 엄마처럼 잘 하고 싶다.
우리 엄마는 세상이 회사다.
그런데다가 우리를 키우시니 정말로 훌륭하시다.
엄마 사랑해요!

지나가는 차를 헤아리며 엄마를 기다리는 1학년 꼬마 눈에 엄마는 자랑스럽기만 하다. 세상이 회사인 엄마를 둔 아이의 대견함이 이제야 보인다. 지금 돌아보면 그 시절을 어떻게 지냈는지 모르겠다. 선명하고 또렷하게 기억나지 않는다, 새벽 7시 반 어린이집 열자마자 일 번으로 아이들 던지듯 맡겨 놓고

강북에서 강남으로 출근하면 9시, 잠깐 일하다 보면 그새 아이들 픽업하러 가야 할 시간이 오고 부랴부랴 다시 어린이집으로 향한다. 그 시절 새 아파트 사고 엄청 많은 돈을 들여 한쪽 벽에 클림트의 뮤럴 벽지까지 붙이고 예쁘게 꾸며 놓았었다.

정작 그 집에서 커피 한잔 여유 있게 마신 기억이 없다. 육아와 일로 늘 정신이 없었다. 출퇴근 시간 아끼려고 회사 가까이 이사 온 것에, 아이들 픽업 시간 줄여 일에 쫓기지 않으려는 이유도 있다. 그때보다 지금이 일도 많은데, 그 시절 시간은 종이를 반으로 뚝 접어놓은 것처럼 기억이 드문드문하다.

세 아이 육아와 일을 함께 한다는 것이 쉽지 않았다. 책임만 있는 지친 일상이 힘들었다. 퇴근 후에도 쉴 수 없고 늘 시끌벅적 기다리는 아이들과 집안일이 버겁게 느껴졌다. 피곤하거나 힘들면 떠오르는 질문이 있다. '난 왜 애가 셋일까?' 답도 없는 질문이 머릿속을 맴돈다. 다시 힘을 내며 귀염둥이들 건강하니 감사하다. 씩씩하고 에너지 넘쳐 감사하다. "감사하다. 감사하다." 주문을 외워 본다.

그해 회사 사내 방송에서 인터뷰 요청이 있었다. 사장님도 10분 이상 나온 적이 없는데, 10분가량 영상으로 인터뷰했다. 마지막 질문은 "앞으로 어떤 목표가 있는가?"였다. 열심히 일해서 이 아이에게 자랑스러운 엄마가 되고 싶다고 했고 일기장도 보여 주었다.

  그 방송이 나가 회사 내 많은 워킹 맘들이 눈물을 흘렸다고 한다. 회사에 얼굴을 알리게 된 계기가 된 사건이기도 했다. 아들 덕에 멋진 엄마가 되었다. 스케일이 남다른, 세상이 회사인 엄마다. 지금 봐도 참 멋진 말이다. "우리 엄마는 회사에서도 일하고 세상에서도 일한다. 우리 엄마는 세상이 회사다." 나의 회사는 온 세상이다.

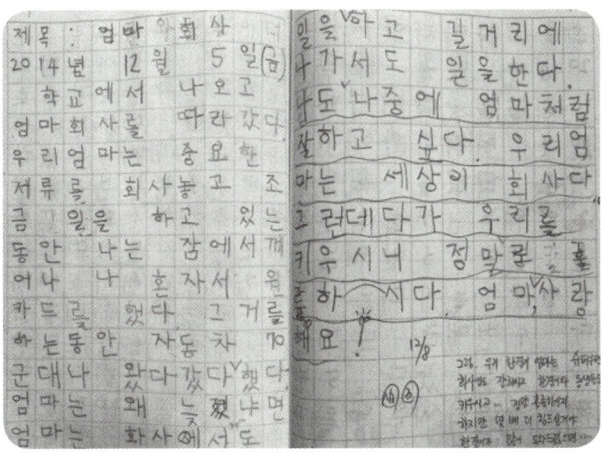

▲ 1학년 한결이 일기장

# 중학교 아르바이트생

오랫동안 일하던 비서가 그만두었다. 막내는 자기를 써 달라며 보험금 청구부터 잔심부름까지 자신 있다고 한다. 순간 "네가 어떻게 아니?" "나를 쓰면 좋은 점이 있다."라고 한다. "어떤 점이 좋은데?" "엄마가 답답하면 똑바로 하세요!"라며 맘껏 큰소리 칠 수 있다며 설득한다. "그래, 그러면 우선 보험금 청구부터 해볼까? 학교 마치고 엄마 회사로 와 2시간씩 일하면 엄마가 알바 비용을 줄게." 다음날 막내는 우리 회사 사무실로 출근했다. 회사 동료들이 용돈도 주었다. 매일 와서 여러 가지 일을 돕고 간다. 그렇게 첫 달에 30만 원을 받았다. 받은 돈에서 5만 원은 저축한다고 한다. 나머지 25만 원으로 원하는 최신형 핸드폰과 에어팟을 샀다. 한 달 용돈 10만 원에 간식과 배달음식을 합해 매달 막내에게 들어가는 돈이 30만 원 정도 된다. 매달 막내에게 나가는 지출비가 30만 원인데, 이제 나에게 권한은 없고, 막내에게 30만 원 쓸 자유가 주어진다. 자유만 주워진 것이 아닌 어깨에 힘도 주어진다. 누나에게 가끔 치킨도 사준다. 첫 알바로 돈 탔다며 엄마에게 선물하고 싶다며 에코 가방을 사주었다. 받는 나는 더 웃긴다. 내가 주고 내가 받고.

일을 시켜 보면 자질을 엿볼 수 있는데 다빛은 비록 수학 점수는 낮지만 야무지게 일한다. 한번 알려준 프로세스는 다시 알려주지 않아도 잘하고 응용해서 일처리를 해 놓는다. 막내라 그런지 융통성이 있다. 자꾸 이 아이에게 욕심이 난다. 대를 이어 고객들을 맡기고 싶은……. 최근 다빛은 용돈을 모아 플레이 스테이션을 샀다.

## 한결이의 쪽지

내가 좋아하는 힐링은 아이들 사진 보는 것이다. 어릴 때 사진을 보고 있으면 너무 행복하다. 바쁘게 일하느라 예쁜지도 모르고 지나간 그 시절의 아이들을 만나는 것. 너무 행복하다. 그중에 한결이가 쓴 편지와 일기는 여전히 내 심금을 울린다.

한번은 지방에서 고객을 만나고 돌아오는 길에 전화를 걸었는데 동생들 자기가 재울 테니 엄마 운전 조심히 하라고 한다. 집에 도착하니 거실 청소를 말끔히 해 놓고 화장대 위에 조그마한 편지를 올려놓았다. "엄마, 내가 화장대도 청소해 놓았어요. 밥은 잘 먹고 다니지요? 엄마, 사랑해요." 가슴이 울컥하다.

어디선가 힘이 솟아난다. 왼손잡이 한결이는 글씨도 예쁘다.

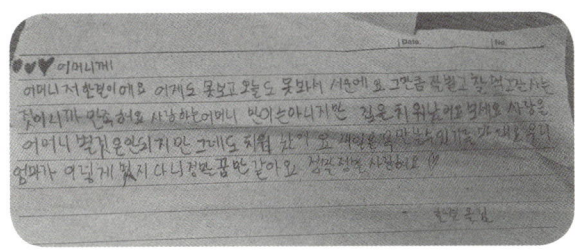

▲ 식탁 위의 쪽지

▲ 한결이 엽서의 그림

## 해외에서 보낸 엽서들

상위 업적으로 해외 트립을 가게 되면 잊지 않고 하는 건 아이들에게 엽서를 쓰는 것이다.

지역의 예쁜 엽서와 우표를 붙이면 엽서는 나보다 더 늦게 집에 도착한다. 엽서가 도착하기를 내가 더 기다린다. 도착해 우편함에서 엽서를 들고 큰 소리를 치며 "와~ 엽서가 왔네~!" 유난을 떨며 엽서를 흔들고 들어오는 데 아이들은 감흥이 없다. 다시, 내가 쓴 엽서를 내 엽서 보관함에 넣는다. 비록 지금은 감흥이 없지만 언젠가 효력을 발휘할 날이 오리라 기대해본다. 아이들이 여자 친구, 남자 친구를 데리고 집에 오는 날,

한 상자 가득 해외에서 붙인 엽서를 보게 되면 이 사람 사랑 많이 받았구나~ 하며 안정감을 느낄지도 모르고 자꾸 말 안 듣고 반항하는 시기에 책상 위에 보라고 펼쳐 놓으면 혹시 한 줄 보고 작은 격려가 되어 하루 이틀 잠잠할지도 모른다. 바쁘게 일하는 워킹맘이라 놓친 학교 참여수업들과 행사에 대한 서운했던 마음이 조금이나마 달래질지도 모르니까, 잘 모아 둔다.

고객 상담이 늦어져 함께 저녁 먹을 시간을 놓치면 바로 전화가 온다. 엄마 어디야? 아직 출발 못했어? 그럼 나 시켜먹어도 되지~? 어김없이 고퀄리티의 배달음식을 주문한다. 결제 문자가 온다. 미안해서 쉽게 허락한다. 일하는 엄마는 왜 이리도 미안한 순간들이 많을까? 진짜 열심히 최선을 다 하는데도 늘 역부족이다.

### 참여수업 VS 고객미팅

당연히 참여수업이지만 꼭 바로 중요한 고객이 부르면 차는 고객에게 향한다. 미안 오늘 못 갈 것 같아~. 저녁엔 너 먹고 싶은 거 다 시켜 먹어.

### 극장에서 아이들과 영화보기 VS 집청소

당연히 아이들과 시간 보내기이지만 밀린 집안 일이 산더미다. 집이 정리가 되어야 영화도 감상할 맛이 나지 이런 초토화된 집을 두고 영화가 웬 말인가!! 이렇게 뒤죽박죽 우선 순위가 바뀌고 죄책감이 또 쌓인다.

내게는 포커스 하는 부분이 많다. 회사일, 고객들 한 분 한 분, 동료, 목표들, 다음달 생활비, 결제해야 할 목록, 삐걱거리는 의자, 구입한 지 오래 되어 깜박거리는 노트북, 분리수거 날, 냉장고에 넣어 놓은 유통기한 지난 음식들, 7남매 가족 모임, 골프대회, 비서 업무지시와 진행 체크 리스트, 시간 약속들, 작아진 막내 아들 운동화……
 반면 아이들은 심플하다.
 엄마의 지갑.
 내가 어떻게 아이들을 이길까!

바쁘게 최선을 다해 살면서도 늘 미안한 마음이다.
 그래서 해외 트립으로 여유가 생기면 엽서를 쓰게 된 것 같다. 미안하고 부족하고 함께 많은 시간을 보내주지 못하는 엄마지만 사랑하는 마음을 가득 담아서…… 언젠가 감동하며 읽어줄 날을 기대하면서.

Dear 다엘,

페트라라는 곳은 베두인(유목민)이 외부의 침입이 두려워

깊은 계곡 바위아래로…… 숨고 또 숨어 만든 세상이야.

그곳은 신비하고 놀라운 고대의 도시지.

고대 도시지만 문명과 기술이 얼마나 뛰어난 지,

너무 멋진 곳이야.

세상 멋진 곳을 다엘도 여행하길 바란다.

이곳 여자들은 집에만 있어 남자들이 우선인 나라야.

심지어 여자는 학교도 안 보내고

남자는 여러 명의 아내와 결혼할 수도 있고……

여자가 살기에 너무 어려운 나라야. 이런 곳에서 엄마는

엄마가 한국에 태어난 것을 감사했다~^^

우리 다엘이에게 아빠의 자리를 주지 못해 미안해.

엄마, 아빠의 잘못이지. 네 잘못은 아냐.

엄마가 더 노력하고

최선을 다할게.

가끔은 학교에 데리러도 가고……

늘 스스로 많은 것을

잘 해내는 다엘 때문에

엄마가 너무 행복해!

너무나 고맙구

사랑하고 또 사랑한다.


멋지고 세상에서 젤 예쁜 다엘에게

요르단에서 혜영엄마 2019.1.15

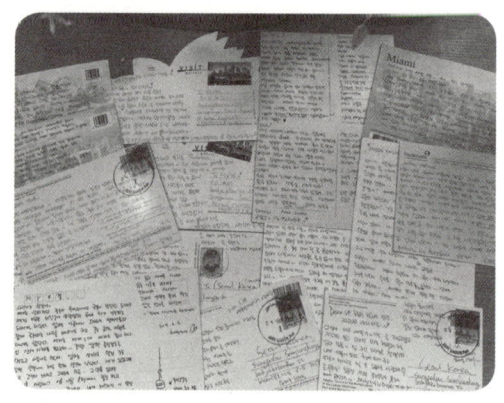

▲ 해외에서 보낸 엽서들

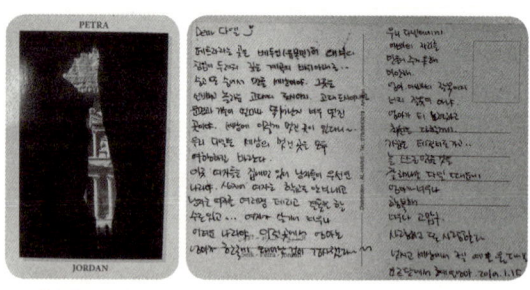

▲ 해외에서 아이들에게 쓴 엽서들

# Part 02

## 싱글맘

# 회사 텐트에서 재우고

아이 셋을 어린이집에 맡기고 보험 회사에 다니며 집에서 여유롭게 차 마실 시간도 없었다. 아이들 픽업하고 회사 찍고 오기도 바빴다. 한결이가 초등학교에 가고 쌍둥이가 6살 될 무렵 남편과 이혼했다. 아이들의 양육권과 친권은 모두 내가 갖기로 했다. 친정아버지는 딸이 힘들어할까 싶어 사위에게 아이들을 맡기는 게 어떻겠냐고 하셨지만, 아이들을 조금이라도 힘들게 하고 싶지 않았다. 이혼하는 과정에서 목소리 높여 싸운 적도 없었다. 기회를 줬고 증명해 보라고 시간을 줬는데 증명하지 못 했고 3개월 숙려기간 동안 기회가 더 있었지만, 남편은 그 기회를 저버렸다. 소리 한 번 크게 지르지도 못 하고 그렇게 이혼했다. 그리고 가장이 되었다. 아이 한 명당 최소한 70만 원의 양육비가 책정되었는데, 남편의 형편으로 그 돈은 보내질 수 없었다. 아이 셋 키우는 싱글맘으로 한 달 한 달이 살얼음 위를 걷는 듯한 느낌이었다. 부모님은 철원에서 농사를 짓고 계셨는데, 그때 아버지가 일하시다가 트랙터에서 떨어지셨다. 응급실로 옮겼지만, 피를 너무 많이 흘려 끝내 돌아가셨다. 지금 생각해도 너무 힘든 시기이다. 아이들에게는 힘든 티를 안 내려 애썼지만, 현실은 불안했다. 막다른 길에 부딪힌 느낌이었다. 이 거대한 벽 앞에서 난 마음을 단단히 먹었다. 내가 할 수 있는 것에 최선을 다 해보자고 다짐했다.

 일을 제대로 하려고 하면 할수록 실력과 보험 상식이 부족했다. 한번은 회사에서 밤새 RP(Repurchase Agreement, 환매조건부채권)를 공부하고 배우는 데 아이들을 봐줄 사람이 없었다. 아이 셋 데리고 회사로 갔다. 여름에 사은품으로 나온 텐트를 책상 옆에 치고 자장면을 시켜 먹이며 실컷 놀리다가 사무실에서 재웠다. 밤새 보험 지식을 익혔다. 그때 익힌 보험 상식들과 항암 치료제는 지금도 줄줄 외운다. 그 시절 회사 텐트에서 찍은 사진을 보면 아이들은 재미있는 표정이다. 다엘은 지금도 엄마 회사에서 먹었던 자장면이 제일 맛있었다고 한다. 실력이 늘고 계약도 늘어가며 아이들도 무럭무럭 커갔다. 계약이 늘고 급여가 올라가니 하루하루 힘든 줄 모르게 재미있고 목표도 커졌다. 주말에 아이들을 데리고 출근했는데 동료들이 따라온 아이들에게 용돈을 주었다. 아이들은 엄마 회사에 오는 걸 좋아했던 이유가 자장면 때문만은 아녔던 것 같다. 한번은 막내 다빛이 오자마자 커피믹스를 타서 일하고 있는 동료들에게 한 명 한 명 서빙했다. 당황한 동료들은 껄껄 웃으며 용돈 만 원씩 줬다.

약관을 보며 세일즈 하는 엄마를 위해 아이들은 약관에 줄을 치고 스티커를 붙여 놓으며 수십 권의 약관을 만들어 주기도 했다. 예쁘게 만들어 놓은 보험 약관 한 권에 천 원이라고 했더니 세 아이가 경쟁하듯 약관을 만들었다. 그 약관을 가지고 고객에게 설명하며 아이들이 만들어 준거라 했더니 기특하다며 술술 사인도 잘 받곤 했다.

고객들에게 복주머니를 종이접기로 만들어 달력과 함께 새해인사로 보냈다. 수 백 개의 복주머니를 아이들이 접었다. 코로나-19가 시작되던 해에는 마스크 줄 만드는 기구를 사 줄을 만들어 복주머니와 함께 우편물에 넣어 보냈는데 반응이 뜨거웠다. 천 개 이상은 만들었을 듯싶다. 몇 년이 지났는데도 그 마스크 줄을 하고 있는 고객들을 보면 새삼 아이들이 고맙다.

회사 텐트에서 자며 주말마다 회사 따라와 엄마 일을 돕던 아이들이 고맙고 그립다. 힘들었던 그 시절의 추억이 방울방울 가득하다.

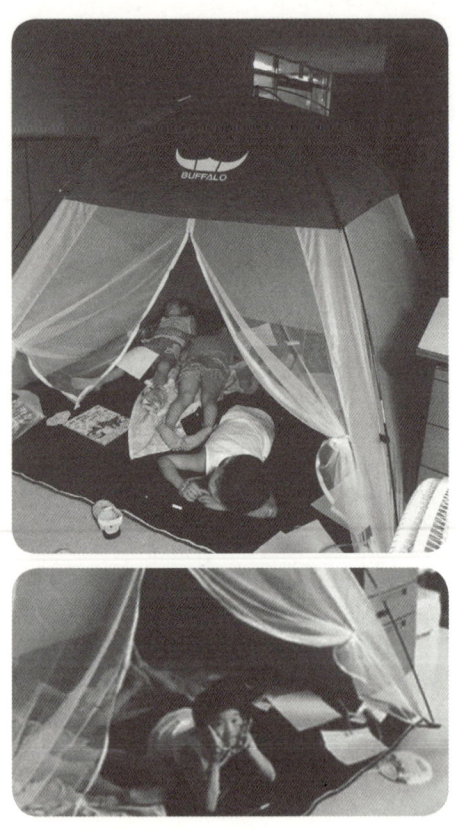

▲ 회사 탠트에서 놀다가 잠듦

# 다녀간 손님

아이들 다섯 살, 일곱 살 때 쯤 찍은 사진을 보다가 잠이 들었다. 그때의 아이들과 세계 여행하는 꿈을 꿨다. 이집트 피라미드도 보고 요르단 페트라에도 들렀다. 순간 번쩍번쩍 이곳저곳을 이동하며 여행하는 꿈이었다. 깨어보니 갑자기 뭔가가 깨닫는게 있었다. 그때 그 꼬마 아이들이 내게 다녀간 손님이었다는 생각이 들었다. 그 아이들이 지금의 한결 다엘 다빛이 틀림없지만, 그 세 살, 다섯 살 꼬마는 지금 이 아이들이 아니기도 하다. 귀엽고 사랑스러운 개구쟁이 아이들은 어디로 갔을까? 내게 왔다 간 그 꼬마들이 너무도 보고 싶다. '지금 중학생이 된 쌍둥이와 고1이 된 한결이도 곧 사라지고 어른이 되겠구나' 하는 생각이 드니, 갑자기 더 사춘기 아이들이 소중해진다. 못생긴 사춘기 얼굴도 귀엽기만 하다. 사춘기로 다녀갈 이 손님들에게 좋은 대접을 해 줘야겠다고 다짐하니 마음이 넓어진다. 갑자기 꿈에서 깨어나 득도(得道) 한 기분이다. 일상이라 잊고 있었던 소중한 가치를 자각하게 되어 감사하다.

나 역시도 마찬가지다. 서른 살의 나와 마흔 아홉의 나는 같은 나이기도 하지만 또 다른 존재이기도 하다. 지금의 젊은 윤혜영도 나를 다녀가는 손님이다. 예순의 혜영과 여든의 혜영은 분명 다른 존재다. 10년 뒤의 윤혜영이 지금의 윤혜영에게 해 주고 싶은 말이 있다면 무엇일까?

> 윤혜영, 넌 멋있는 사람이야. 건강한 마음으로 책임감 있게 잘 살아왔구나. 앞으로 더욱 멋져지겠지. 지는 노을 바라보며 고요한 시간 보내는 거, 즐기길 바래. 예쁜 옷도 더 많이 입어. 예술의 전당에서 열리는 정기 연주는 빼먹지 마. 역사에 남는 순간들이니까. 세상을 두루 여행해. 두려워하지 말고 좀 더 용기를 갖기를 원해. 실패도 성공이니까 많은 실패를 경험해라. 한계를 긋지 말고 행여나 이루지 못할 거라면 꿈이라도 실컷 꿔 봐. 상상력은 니 거니까. 나이 드는 거, 너무 서러워하지 마.

나이 들어도 넌 여전히 멋있을 테니까. 다음 생에 태어나 해보고 싶은 것들, 이번 생에 최대한 다 해 봐. 솔직하고 진실하길 바래. 누구보다 니 자신에게.

▲ 다녀간 꼬마 손님들

# 용기 내어
# 피아노 레슨 받다

 어릴 적 피아노 치는 친구들이 부러웠다. 엄마는 피아노 학원 다니고 싶다던 나를 주산학원에 보냈다. 내가 초등학교 다니던 시절에는 주산학원 웅변학원이 유행이었다. 피아노보다 주산이 경제적이라고 생각하신 것 같다.

 나는 내 아이들이 태어나면 꼭 피아노를 배우게 해주고 싶었다. 첫째 아이를 임신하자마자 피아노를 샀다. 아이들이 피아노 학원에 다닐 나이가 되자 바로 피아노를 가르쳤다. 처음엔 학교 앞 학원에 다녔는데, 빠지는 날이 많아 방문 선생님이 오도록 바꾸었다. 예쁘고 멋진 선생님께서 아이들의 친구가 되어

주시며 음악 이야기, 새로 나온 팝 이야기도 해줘 음악에 대한 사랑이 깊어졌다. 소개해 주신 정명훈님의 "작은 별 변주곡"은 다빛이 잘 때 듣는 최애곡이다.

최근에는 나도 용기 내어 피아노 레슨을 받는다. 캐논 변주곡을 배웠고, 지금은 녹턴을 연습 중이다. 요즘은 피아노 치려고 집에 더 일찍 들어온다. 행복한 힐링의 시간이다. 내가 열심히 배우니 다빛도 피아노에 열의를 보인다. 이 나이에 피아노를 배우다니. 오른손 왼손이 따로 놀지만 행복하다. 모두, 멋진 피아노 선생님 덕분이다. 귀한 인연으로 우리 집에 와 주신 선생님, 소중하고 감사하다.

# 마행처 우역거 (馬行處 牛亦去)

'마행처 우역거'는 말이 가는 곳에는 소도 간다는 뜻이다. 말은 빠르지만 소는 느리다. 느리지만 끈기와 우직함이 있어 포기하지 않으면 말이 간 곳에 소도 도착한다는 것이다. 요즘 들어 많이 사색하게 되는 고사성어다. 뒤처지는 것 같아 마음이 급해지고 조급한 마음이 들면 이 글을 생각한다. 아직 내 집 마련도 못하고 아이들 학비와 독립자금도 지원해야 하는데, 언제 그 많은 자금을 마련하나 걱정이다. 급여가 올라도 버겁게 느껴질 때가 많다. 후배는 몸 테크를 한다. 좀 불편하지만 오래된 아파트를 사 재개발을 기다린다. 하루는 차 댈 곳이 없어 길가에 주차해 놓았더니 하룻밤 새 100만 원 주차위반 딱지가 끊어져 있었다고 한다. 몸 테크도 정말 어렵다. 로또 1억 원이 당첨되어도 인생역전이 힘든 시대가 되었다. 10억 원 정도라면 모를까.

　난 마당 있는 집이 좋다. 어릴 적부터 마당 있는 집에 살아서인지 아파트보다는 단독주택이 좋다. 비 오면 빗소리가 우수수 들리는 집이 좋다. 지금 나는 빌라에 살고 있는데, 저층이라 비 오면 빗소리가 들린다. 내 집 마당에 비 떨어지는 소리 들을 날을 기대해 본다.

　회사 챔피언인 선배를 보면 진짜 대단하다는 생각이 든다. 여전히 하루에 많은 사람을 만나고 활동한다. 엄청난 업적으로 부동의 1위를 지켜나간다. 나도 저 자리까지 올라갈 수 있을까? 포기하지 않으면 그 자리 가까이 가리라 희망해 본다. 마행처 우역거.

## 복수혈전

난 목소리가 크다. 허스키 목소리가 매력 있다고 말하는 분도 있지만 놀리는 사람도 많다. 처음 보험 회사에 입사해서 고객에게 전화하는데 한 선배가 '여자 목소리가 크다'며 시끄럽다고 나무랐다. 전화해야 고객과 약속 잡고 만나는데 자꾸 신경이 쓰였다. 여자 목소리가 크다는 건 또 얼마나 유치한가. 남자는 목소리가 커도 되고 여자는 크면 안 된다는 말인가? 아이 셋을 혼자 키우는 싱글맘으로 뭔가가 불끈 올라왔다. 정작 그 선배는 목소리가 작고 아나운서 같은가 하면 전혀 그렇지 않다. 나보다 더 크다. 더 시끄럽게 통화할 때가 많다. 형평성을 잃은 그 말에 마음이 상했다. 세월이 흘러 선배는 다른 지점으로 가게 되었다. 나는 차곡차곡 실력을 키워 연봉 3억이 되기까지 계속 진급하고 성장했다. 그리고 어느 날 회사 내 어느 스터디 모임에서 만났다. 그때 삐진 마음으로 다른 선후배에게는 엄청 상냥하게 웃으며 인사했지만 그 선배에게는 웃지 않으며 눈만 크게 뜨고 인사했다. 어느 날 전화가 왔다. "그때 미안했다."라며 지금의 성장한 나를 존경한다고 했다.

가끔 선후배들과 이야기 할 때 실력이 깡패라는 말을 한다. 억울하면 실력을 키워 성장하라고. 그렇게 성장하고 뭔가를 증명한 사람은 함부로 대할 수 없다. 지금은 그 선배에게 감사한다. 그때의 서러움이 영양분이 되었다. 성경에 '오른뺨을 때리거든 왼뺨도 돌려 대라'는 말이 있다. 그 뜻은 '그래 여기도 때려 봐. 내가 너보다 더 멋진 사람이 되어 이 서러움을 갚아 주마. 난 때리는 사람이 아닌, 사랑하며 섬기는 사람이 될 테니까!' 이런 복수를 꿈꾸라는 뜻이 아닐까?

## 불안을 잠재우는 방법

안정되지 않은 마음, 불안. 어려서부터 우리는 안정적인 삶을 강요받는다. 안정된 학교, 안정된 전공과목, 안정된 가정, 안정된 직장 등등. 안정을 강요받는다. 불안정은 나쁜 것, 안정은 좋은 것으로 뇌는 강요받았다. 안정된 것을 추구하며 안정적인 사람을 만나 결혼했지만, 내 결혼 생활은 불안정으로 끝났으며 그 후의 삶도 불안의 연속이었다. 삶은 사실 불안정 그 자체다. 예측은 할 수 있으나 늘 변수가 있다. 내 삶도 그랬다. 나 좋다며 따라다니던 남편을 만나 행복했던 때도 분명 있었다. 어린이집 원감이라는 안정적인 직업을 버리고 보험 회사에 입문한 것도 다른 가족들의 시선으로는 불안해 보일 수 있다. 불안, 파도, 날씨, 럭비공, 중2 사춘기, 우리 쌍둥이, 이달의 결과, 사람의 수명, 교통사고 등 예측되지 않는 것들 속에 살아가는 것이 삶이다. 아이 셋을 싱글맘으로 키워야 하는 날들 속에서 가장 큰 염려는 급여였다. 불안한 티를 내지 않으려 저녁마다 아이들이 잠들 때까지 목이 쉴 정도로 동화책 20권씩 읽어주었다. 아이가 글을 읽을 수 있어도 부모 목소리로 읽어주면 아이들 감성이 발달 된다고 어떤 책에서 보았다.

사실 아이들 감성 발달하라고 읽어주었다기보다는 하루하루 걱정 속에서 불안한 감정을 숨기려 큰소리로 읽어주었다. 흥미진진한 보드게임도 자주 했다. 주말이면 김치볶음밥과 간식을 싸서 시민의 숲이나 한강으로 갔다. 몸으로 때우며 열심히 놀아주었다. 아이들이 잠들면 가난한 난 나의 책을 읽으며 잠이 든다. 성공한 사람들의 책은 언제나 해피엔딩이다. 읽으면 기분이 좋아진다. 책을 보며 불안한 마음을 내려놓고 새 희망으로 가슴을 메워본다.

불안한 감정을 받아들이고 당당하게 한 발 떼는 순간, 부딪쳐 그 실체를 마주하는 순간, 불안은 신기하게도 사라지고 불안이 자리 잡고 있던 곳에 다른 감정이 쌓인다. 자신감, 용기, 성장, 자존감, 미소, 여유, 확신. 불안을 극복하고 성취를 이뤄

낸 사람은 오히려 불안을 즐긴다. 안전지대에 숨고 싶은 마음을 끌어내어 불안함 속으로 던진다. 지금 느껴지는 감정에 민감한 건 정말 중요하다. 나를 속이는 것이 아니라 알아차리는 것, 거기서부터 발전이 시작된다. 내가 느끼는 이 감정은 무엇일까? 불안은 실체가 없다. 종이호랑이 같은 것이다. 문 밖에 호랑이가 으르렁거려 밖에 나갈 수 없을 정도로 벌벌 떨지만, 용기 내어 다가가 만져 보면 찢어지는 종이호랑이 같다.

    경험하면 사라지는 게 불안이다. 부딪치면 사라지는 감정이다. 심지어 알아채기만 해도 사라진다. 아이 셋, 싱글맘으로 살아야 했던 9년 전. 그 시절 불안은 지금 없다. 이미 경험했으니까. 그런데 다른 불안이 있다. 엄마가 돌아가시면 어쩌나, 계획했던 목표에 차질이 생기면 어쩌나, 새로 맡게 된 프로젝트에서 내 이름값을 증명하지 못하면 어쩌나 등등. 다시 긴 호흡을 하며 마음을 달랜다. 과정을 즐기자. 경험하면 사라진다. 최선을 다해 보자. 내 감정에 충실하며 제대로 과제를 파악하고 부딪쳐 보자. 할 수 있다. 부정적인 사람에게는 안 올 걱정도 오고, 긍정적인 사람에게는 안 올 행복도 온다. 긍정적인 마음으로 부딪치며 불안한 감정을 몰아내고 행복으로 채워가자. 나를 북돋우며 오늘도 불안을 잠재워 본다.

## 사우나에서 책 보는 이상한 여자

처음 보험 회사에 입사한 계기는 아이가 셋이 되면서 남편의 월급으로는 아이들 키우기가 버거워 뭔가 도와야겠다는 생각이었다. 무엇이든 첫발 내디딜 용기가 필요한 순간이 있다. 한 어린이집에서 10년 넘게 일하며 원감으로 120명 원아와 선생님을 이끌었지만, 출산 후엔 나도 경단녀가 되었다. 쌍둥이들이 어린이집에 갈 수 있는 세 살이 되자 무엇인가 일을 찾아야 했다. 그때 소개받아 가게 된 곳이 지금 일하는 외국계 보험 회사다.

지점 입사 동기 다섯 명은 멋진 친구들이다. 젊고 싱글이고 명문대 출신들이다. 아줌마인 나만 보험설계사 시험에 떨어질까 염려되어 엄청 열심히 공부했다. 시험에 붙고 교육 받은 후 설계사 코드가 나왔다. 정장을 멋지게 차려 입고 출근할 곳이 있다는 게 기분 좋았다. 처음에는 공부해야 할 자료도 많았다. 눈에 보이지 않는 무형 상품을 세일즈 한다는 것은 쉬운 일이 아니다.

처음 소개로 만난 고객은 태아보험에 관심 있던 서울대 출신의 대기업 직원이었다. 교육 받으며 배운 내용을 설명했더니 태아보험도 가입하고 남편도 소개해 줘 두 사람 모두 고객이 되었다. 이후 연금에 가입하고 싶다고 했는데, 나도 많은 연금 상품의 특성과 내용을 잘 몰라 같은 책을 두 권 사 한 권은 내가 읽고, 한 권은 선물로 드리며 같이 공부해 보자며 함께 스터디 했다. 복리가 무엇인지 연금 나이가 무엇이고 얼마를 모아야 매달 100만 원을 받을 수 있는지 함께 공부하며 같이 설계해 원하는 연금 상품에 가입했다.

주말에 내가 살고 있던 단독주택에 초대했는데, 집을 사게 된 이야기를 귀담아 듣고는 아파트보다 빌라나 단독주택을 사고 싶다며 어느 지역이 좋을 것 같은지 물었고, 나는 개인적으로 잠실이 좋다고 했는데, 잠실에 빌라 한 채를 통으로 사 재테크에 성공했다. 소중한 나의 1호 고객님은 그 후 대기업에서 나와 고급공무원 시험에 합격했다. 세종시에서 근무하다가 지금은 영국에 국비 지원받아 유학 중이다. 해외 체류 보험과 빌라의 화재 보험도 해줬다.

지적이고 이해심 많은 첫 고객과의 추억 때문인지 고객에게 책 선물을 많이 한다. 재테크에 관한 책부터 출산을 앞둔 고객에게는 〈삐뽀삐뽀 119〉라는 유아 응급 사고 시 대처 방법에 관한 책, 대표들께는 취향에 맞은 재미있는 경영 서적, 삼국지의 사마의나 제갈공명의 지혜를 엿볼 수 있는 책, 언제나 즐겁게 해피앤딩으로 끝나는 자기계발서, 연금에 관한 돈 걱정 없는 노후 30년 등등. 그러다 보니 나도 책을 많이 읽게 되었다. 처음 영업하면서 도움이 되는 전문 서적과 보험영업의 고전인 토니 고든의 〈세일즈 노트〉, 솔로몬 힉스의 〈넘버원 세일즈맨의 비밀 노트〉 등 세일즈 필독과 나폴레온 힐의 〈나의 꿈 나의 인생〉, 〈신념의 마력〉 외 무수한 자기계발서, 일하다가 잠시 짬이 나거나 쉬고 싶으면 서점으로 갔다.

"아이 셋 키우며 책은 언제 보세요?"라는 질문을 자주 받는다. 책은 출근하는 길에도 보고, 출근해서도 보고, 커피를 마시면서도 보고, 대중목욕탕에서도 본다. 주말에는 에너자이저 아이들 데리고 한강 놀이터로 나가며 책부터 챙긴다. 여행 가서 아이들은 수영장에 풀어 놓고 벤치에 누워 커피 마시며 책을 읽는다. 그 시간이 너무 행복하다. 동네 대중 사우나에 아줌마들 사이에서 난 사우나에서 책만 보는 이상한 여자다.

내가 제일 좋아하는 책 읽는 시간은 잠들기 전이다. 아침에 눈 뜰 때 책이 툭 떨어지는 소리가 너무 좋다.

보험 회사 세일즈 퍼슨에게는 책을 읽는 것이 경쟁력이 된다. 한번은 중국이 주식시장을 오픈하면서 중국주식에 대한 사람들의 관심이 커졌다. 우리 회사도 중국주식에 투자되는 펀드가 생겼다. 그런데 세일즈 포인트를 잡을 수 있는 중국에 대한 배경 지식이 많지 않았다. 때마침 회사에서 30명 정도 뽑아 상해로 연수를 보내주는 시책이 있었는데, 30명 안에 들어 다녀오게 되었다. 그때 중국 관련 서적도 많이 읽었다. "덩샤오핑 평전"과 "중국 100년의 꿈" 등 경제를 조금 알 듯 하니 정치도 궁금해서 읽게 되었고, 정치와 경제가 조금 이해되니 중국 고전 소설도 재미있었다.

보험 영업과 덩샤오핑 평전이 무슨 상관이 있냐고 묻는다면 명확한 답은 말할 수 없다. 하지만 상관이 없다고도 못 하겠다. 책을 읽는 것과 보험 세일즈가 무슨 관련이 있냐고 물으면 확실히 있다고 자신 있게 답할 수 있다. 책을 읽다 보면 역사와 사회적 맥락 속에서 사람에 대한 이해가 깊어진다. 보험 세일즈는 사람을 이해하는 깊이만큼 잘 할 수 있는 분야라고 생각된다. 사람을 좋아해야 이 일을 즐길 수 있다. 사람을 만나는 직업이니까. 보험 일을 해보면 다양한 직업의 사람을 만난다. 교사, 목수, 농부, 주부, 학생, 무직, 사무직, 현장직, 전문직, 특수직, 대표, 직원, 화가, 음악가 등등. 다 경험할 수는 없지만 책을 통해 간접적으로나마 이해할 수 있는 부분이 있고 상대방의 기분과 감정을 받아들이는 폭도 넓어진다.

  주말에는 여전히 책 한 권 넣어 사우나에 간다. 내 책들은 대부분 습기를 먹어 쭈글쭈글하다.

## 커피 값 안 내려고 눈치 보기

나는 1년에 200건 이상 계약한다. 50% 확률로 계산해 한 해 만나는 고객이 400명이 넘는다. 1년 평균 하루에 한 명 이상 만났다는 통계다. 많은 사람을 만나며 연봉 3억이 되기까지 무식하게 돌아다니며 마구 들이대 보기도 하고 하나의 계약을 위해 몇 년의 시간을 들이기도 했다. 많은 시행착오를 거쳐 고액 연봉을 받게 되어 가장 좋은 것은, 망설이는 시간이 줄어든 것이다. 영업을 시작한 후, 감사를 표현하기 위한 선물을 살 때 돈이 없어 엄청 정성을 들였었다. 무거운 짐을 들고 대중교통을 이용해 고객을 만나, 지친 모습을 보일 때도 많았다. 몇 천 원 아끼려다 더 큰 손해를 본 일도 많았다. 매일 타는 지하철에서 제때 내리는 것은 또 어찌나 어려운지, 내릴 역을 놓친 적이 한두 번이 아니다.

연봉이 올라 좋은 것은 망설이는 시간이 줄어든 것이다. 주차할 곳이 마땅치 않은 시내에 갈 때면 자신 있게 택시를 탄다. 뒷자리에서 음악 들으며 여유 있게 움직인다. 아이들이 치킨 먹고 싶다고 하면, 자신 있게 두 마리 혹은 세 마리 주문한다. 아이들이 지금보다 더 어릴 적에는 어찌나 잘 먹던지 내가 먹을 치킨 한 조각이 없었다. 그 이후부터였을까? 아이들이랑 치킨을 먹을 때 여유가 있음에도 불구하고 잘 안 먹는다.

처음 고객을 만날 때는 눈치를 봤었다, 내가 커피를 사야 하나 아니면 사주길 기다려야 하나 하고. 무슨 영업하는 사람이 커피값 내는 것에 눈치 보나, 지금 생각하면 어이가 없어 실소가 나온다. 지금 내 핸드폰에는 무료 음료 쿠폰이 넘친다. 부족함 없이, 망설임 없이 하루를 지낼 수 있는 게 사치처럼 느껴진다. 여자 혼자 힘으로 아이 셋을 키운다는 것은 그렇게 숱한 망설임과 눈치 보는 삶을 살아내는 것이었다. 그래서 아이 셋을 키운다는 고객이나 동료들을 만나면 가슴이 뭉클하다. 얼마나 많은 시간을 주저하고 고민하고 장바구니에 물건을 넣었다 뺐다 반복했을까. 나는 안다, 그 망설임의 순간들을.

그렇게 치열한 하루하루가 지나갔다. 어른들이 힘든 순간에 위로의 말로 "다 지나간다!"고 하신 의미를 알 듯 하다. 여린 마음을 숨기려고 내었던 용기가 지금의 나로 성장시켰다. 돌아가 그때의 나를 만난다면 '네가 생각보다 얼마나 용기 있는 엄마인지, 주어진 삶에 얼마나 당당하게 맞서고 있는지, 격려하며 꼭 안아주고 싶다.'

▲ 여유 있게 커피 한잔

# 오늘 하루

5시 30분 기상, 6시 출발, 8시 30분 전주 도착, 9시 치과 원장님 미팅, 여수로 이동 11시 30분 검진센터 의사 선생님 미팅, 여수에서 12시 40분 간장게장 정식 식사 후 순천 치과 원장님 숨은 보험금 청구, 메가 커피에서 아이스 아메리카노 한 잔 사서 이동, 순천시장 옆 안과 원장님 뵈러 이동, 주차비 한 시간에 천 원인 유료주차장에 주차 후 올라갔으나 원장님 수술 일정으로 못 만남. 메모와 선물 남겨 놓고 남원으로 이동, 3시 남원 시내로 이동, 남원에서 약사님 미팅, 비타 500 주셔서 마신 후 일정 마무리. 서울로 가는 길에 전주 맛집 들러 저녁 먹고 아이들 생각나서 포장 주문 후 오후 10시 집 도착.

처음 만나 계약할 때도 있지만, 못 할 때가 더 많다. 약사님은 담당 설계사라고 해도 처음에는 얼굴도 보려고 하지 않으셨는데, 오늘은 비타 500을 주셨다. 비타 500 하나로 천하를 다 얻은 기분이다. 다음 미팅에는 정성을 들여 길을 좁혀 갈 예정이다. 집에 돌아와 나만의 시간을 가져 본다. 수고한 나를 격려하며 집중력을 잃지 않으려고 메모도 한다. 나는 이 일이 좋다. 서울에서 먼 여수까지의 여정에 만난 고객도 소중하지만 나를 반기는 계절도 소중하다. 4월 새순으로 여린 초록빛 산세도 아름답다. 평일이라 줄 서지 않은 맛집 음식들도 감동적이다. 게다가 저녁에 간 식당, 셀프 코너의 맛있는 전복죽이 무한 리필이었다. 전주는 어디를 가도 맛집이라더니 스케일이 다르다. 차에서 음악 들으며 오니 감성이 촉촉이 젖는다. 오늘 만난 고객들과 좀 더 마음을 나누며 힘이 되어 드리는 관계를 기대해 본다. 하루가 저문다. 내 삶의 하루가 깊어져 간다.

# 나는 본부 1등이다

5시 텅 빈 회사에 도착해 캄캄한 사무실 불을 켠다. 허스키 목소리로 외쳐 본다. "나는 본부 1등 윤혜영이다. 나는 월 2천씩 번다. 나는 50kg 몸매 짱이다." 야심 찬 에너지로 하루를 시작했다. 이때 읽었던 책들에도 이 세 문장이 곳곳에 적혀 있다. 숨을 참고 3가지 소원을 100일 동안 아침과 저녁에 적었더니 이루어졌다는 "3가지 소원 100일의 기적"을 읽고 나도 실천했다. 숨을 참고 세 문장을 100일 동안 썼다. 효과가 있었는지 궁금할 것 같다. 본부 1등도 해 보았고, 급여 통장에 월 2천씩 들어오기도 했으며, 50kg을 넘나들며 체력을 잘 관리하고 있다. 그 암시 때문이었을까? 처음 급여가 500만 원 넘기기까지는 정말 힘들었다. 이른 아침부터 주말까지 1분도 소홀히 써본 적이 없다. 점심은 고객과 함께 먹거나 도시락을 차에서 혼자 먹었다. 차로 이동하며 전문 용어를 외웠다. 일이 잘 될 때 웃는 것은 어렵지 않지만, 잘 안 될 때 웃으며 긍정적인 마인드로 헤쳐 나가는 것은 정말 어렵다. 일이 안 풀릴 때 그동안 불어 넣었던 긍정의 에너지들이 비로소 효력을 발휘한다.

한번은 대기업 상무를 전화 예약하고 찾아갔다. 내 또래인 상무의 책상 옆 장식장에는 외국 바이어들과 찍은 사진이 걸려 있었다. 멋져 보였다. 상무는 물 한 잔 안 주고 내게 도도한 목소리로 "가져온 자료가 있으면 설명해 보세요." 한다. 준비해온 자료를 열심히 설명했다. 내가 말을 마치자마자 "설명 잘 하네." 하고는 본인은 자산관리사가 있어 굳이 내 조언은 필요 없을 것 같다며 그만 나가라고 하며 가입했던 상품도 그 자리에서 해지해 버렸다. 돌아서서 나오는데 다리에 힘이 쭉 빠져 걸을 수 없었다.

어떤 포인트가 나를 힘들게 했을까? 성공한 멋진 임원에게 물 한 잔 대접 못 받는 보험설계사라는 직업 때문이었을까? 계약으로 이어지지 못하고 유지하던 보험도 열심히 설명했지만 결국 해지된 것이 무시해서라고 느껴진 건가? 차를 가지러

주차장으로 들어선 순간, 계단에 주저앉아 펑펑 울었다. 수많은 거절을 받는 직업이 보험설계사인데, 왜 눈물이 멈추지 않는 것인가? 그동안 열심히 달려오느라 지친 걸까? 마음을 겨우 추스르고 집에 왔다. 큰 아이 한결이가 "엄마, 오늘 무슨 일 있었어? 울었어? 눈이 부었어." "응! 오늘 이런 일이 있었어. 멋져 보이는 회사 임원에게 무시 받는 느낌이 들어 속상했나 봐. 엄마는 끝까지 포기하지 않고 결국에는 결승전에 다다를 거야. 그때 엄마는 그 상무처럼 차갑지 않고 가슴 따뜻한 사람이 될 거야." "당연하지! 우리 엄마는 그런 엄마지." 그때부터였을까? 만 원의 고객이나 1천만 원의 고객이나 다 같은 고객으로 느껴지고 차이를 두지 않게 되었다. 우리 팀장님은 지금도 나를 자랑할 때, 금액에 상관없이 어디든 가고 어떤 분이든 고객이 되면 최선을 다한다고 칭찬한다.

한번은 고객이 같은 아파트 친구들을 소개해 주었다. 다섯 명이 넘는 분들이 서로 보험을 들고 싶다고 했고 난 신이 나서 새벽부터 회사에 나와 많은 계약서를 출력했다. 가방 안에 두둑한 계약서를 들고 고객의 동네를 몇 번 왔다 갔다 했다. 그럼에도 불구하고, 계약은 한 건도 받지 못했다. 오고 가며 든 기름값에 점심 식사비와 빈손으로 방문하기 어려워 들고 간 선물 하나하나가 아까웠다. 다시 마음을 잡고 더 큰 행운이 올 거라 위로해 본다.

  또 한 번은 울산에서, 고객이 퇴근한 후에 만나기로 했다. 늦어진다고 기다려 달라고 해 늦은 9시까지 기다렸는데 9시 15분에 못 나올 것 같다는 연락이 왔다. 고객을 만나지도 못하고 울산에서 서울 집으로 새벽 2시에 돌아온 날도 난 결승점에 한 발 더 다가서는 중이라고, 과정을 즐기는 중이라고 다독였다. 나는 지금 가슴이 뜨거워지는 중이라고 마음을 다잡아 본다. 큰 소리로 "나는 본부 1등 윤혜영이다. 나는 월 2천씩 번다. 나는 50kg 몸짱이다."라 외쳐 본다. 이 세 문장.

Part 03

**연봉 3억**

# Customer
# Relation

# 보험 세일즈는
# 우리 처제처럼 해야 해

영업 잘 하는 동료를 만나 비결을 물으면, 경험을 통한 확신으로 많은 성과를 얻었다는 이야기를 듣게 된다. 부모님이 사고로 돌아가셨는데 남기신 사망 보험금으로 대학을 무사히 졸업한 후배는 보험 회사 입사 후 종신보험 세일즈에 탁월하다. 자신의 경험을 이야기할 때 고객은 생생하게 느낌을 전달받고 궁금한 것들을 물어 가며 조금 힘겹더라도 기꺼이 보험을 계약한다. 가족력에 암이 있었던 친구는 미리 암보험에 가입했는데 나중에 암에 걸려 진단금을 받았다. 암 진단금으로 치료도 마치고 나머지는 결혼자금으로 유용하게 썼다고 한다. 자신의 경험을 이야기하면 고객들은 경험한 사람의 조언을 잘 받아들인다. 난 경험이 전혀 없었다. 형제자매가 일곱 명이지만 누구도 암에 걸리거나 크게 아픈 사람이 없었다. 오히려 가족에게 보험 세일즈 하는 것이 제일 힘들었다. 보험을 시작했을 무렵, 언니 오빠들은 이미 보험이 포화 상태였다. "하나 들어주세요."라는 영업은 절대 먹히지 않는다. 원래 가족의 마음을 사는 것이 더 어렵다. 보험금 청구를 꼼꼼히 해 주다 보니 지식이 생기고, 증권도 하나둘 분석하다 보니 놓치고 있는 것이 무엇인지 볼 수 있는 눈이 생기기 시작했다.

그때 큰언니가 봉사 활동 중 다리를 다쳐 입원하고 수술했다. 큰언니는 혈압이 있어 실손 의료비를 들지 못했다. 병원비를 사비로 모두 내야 해 안타까웠다. 언니에게 봉사 활동 중이었다면, 그 협회에서 단체보험에 가입했을 수 있기에 확인해 보자고 했다. 체크 해 보니 단체보험이 들어 있었다. 협회 행사 중 다친 것이라 치료비를 받을 수 있었다. 언니는 큰형부의 보험도 점검해 달라고 하셔서 모든 보험 증권을 받았다. 큰 형부는 당뇨가 있어 실손 의료비에 가입할 수 없어 그동안 병원에 다녀온 병원비를 청구할 수 없었다. 그런데 증권을 보니 오래전 가입했던 손해보험에 비갱신형 실손 의료비가 가입되어 있었다. 언니와 형부도 몰랐던 실비를 찾았다. 그리고 그간 치료비를 모아 청구를 도와 드렸다. 형부는 "보험 세일즈는 우리 처제처럼 해야 한다."며 칭찬했다. 동생이 보험설계사가 되면 언니, 오빠들은 긴장한다. 보험 가입해 달라며 귀찮게 할까 봐. 가입을 권하기 전에 필요를 채워주면 가족들은 그 누구보다 열렬한 팬이 되어준다. 그때부터 언니 오빠에게 소개받은 사람이 정말 많다. 단점도 있다. 언니 오빠가 고객이다 보니 집안 모임에 늘 심부름꾼이 된다. 모임에 적극적으로 참석하는 것은 물론이고 일찍 참석해서 늦게까지 남아 마무리한다. 막내의 애교로 패스되는 일은 없다. 소중한 1호 고객님들이라 늘 최선을 다한다. 언니 오빠를 고객으로 모시지 않았다면 지금처럼 뜨겁게 사랑도 못 받고 자랑스러운 동생이 되지도 못했을 것이다.

# 목사님께서 선생님은 진짜 멋진 의사래요

고객의 마음을 사로잡는 방법이 있으면 좋겠다. 사람마다 유형이 다르고 케이스마다 다르니 '열 길 물속은 알아도 한 길 사람 속은 알 수 없다'는 말처럼 사람 마음을 알기란 쉽지 않다. "왓 위민 원트"(What Women Want, 여자들이 원하는 것)는 멜 깁슨이 나오는, 권위적인 남자에게 여자의 속마음이 들려 여자를 이해하게 되고 사랑을 얻었다는 해피엔딩 영화다. 나도 고객의 마음을 읽을 수 있었으면 좋겠다. "남편 혹은 아내와 상의해 볼게요."라는 말 너머의 진짜 속마음 말이다. "지금 차를 사야 해 보험료를 올리고 싶지 않다." "나에게 나쁜 일은 일어나지 않을 거야." "보험은 먼 미래니까 지금은 신경 쓰고 싶지 않아." 등등. 마음의 소리를 들을 수 있다면 속은 편하겠지만, 마음을 크게 바꿀 수는 없을지도 모른다. 마음을 바꾸는 방법을 만들어 가는 기술이 세일즈 기술이다.

제갈공명은 자신의 명성을 알리고 싶을 때, 자신을 잘 소개해 줄 현자를 데리고 가 그 현자의 입을 통해 제갈공명의 지혜를 칭찬하게 하고 자신은 겸손한 태도를 보였다고 한다. 본인이 어필하는 것보다 더 큰 효과를 얻었다고 한다. 세일즈도 비슷하다. 나를 강하게 어필해 좋은 관계를 유지하고 싶을 때, 소개자의 이야기로 문을 연다. 소개자에게 받은 혜택과 지금까지 나를 지켜보며 든든했던 이야기를 해 달라고 요청한다.

한번은 울산에 있는 큰 병원 원장을 만나러 갔다. 집을 건축하느라 돈이 더 필요해 연금과 보험을 깨려고 하셨다. 그때 그 병원 원목이신 목사님을 알게 되었고 차를 마시며 "그 의사가 진짜 의사다. 강직하고 환자를 진심으로 대한다."는 말씀을 들었다. 다시 용기를 내 돈이 없다며 거절하던 원장을 찾아뵙고 "원장님, 병원 목사님께서 원장님이 의사 중 진짜 의사라고 칭찬하셨어요. 원장님을 고객으로 모실 수 있으면 제게 큰 영광이 될 듯해요." 했더니, 돈 없다고 하던 원장은 추가 계약을 하셨다. 고객이 필요한 사항을 체크해 유익하다 판단하고 검토하기까지 마음 문을 여는 시간과 방법이 필요하다. 덕망 있는 주변 인물의 칭찬은 효과 100%다.

# 안젤리나 졸리가
누구인가요?

한번은 선배가 그만두게 되어 계약을 이관 받았다. 그 고객에게 전화를 걸어 약속을 잡았다. 약속 장소로 가니 그분은 중소기업 대표이었다. 입구에서 비서의 안내를 받아 숨죽여 일하는 많은 사원들 사이를 가로질러 대표실에 들어섰다. 들어선 순간, 실내 소나무 조경이 나를 압도했다. 가슴이 콩닥콩닥. 왜 뛰는 걸까? "안녕하세요, 윤혜영 입니다." "뭐 마실래요?" "커피 주세요." "보험을 추가하고 싶은 생각은 없습니다. 단지 가입한 연금이 언제 개시되며 어떻게 지급되는지 알고 싶군요." 준비해온 자료를 보여드리며 정확하게 설명했다. 내가 여유롭게 설명하고 있는 듯 보였겠지만 사실 추가 계약을 받고 싶은 마음뿐이었다. 이렇게 큰 기업의 수장이면 적어도 50만 원 정도의 저축 연금은 가능하지 않을까? 준비해온 서류는 언제 꺼내지? 첫 만남에 사인 해 주실까? 이런저런 생각과 귀하게 내준 시간이 지나간다. 점점 머릿속이 뒤죽박죽되어 설명이 엉망진창 되었다. "그래서, 윤 선생은 얼마나 했나요?" "네, 저는 돈이 많이 없어 50만 원씩 저축하고 있습니다." "하하하! 그게 아니라 보험 회사 다닌 지 얼마나 되셨어요?" 웃음이 나온다. 근속연수를 물었는데, 머릿속에 추가 계약 받고 싶은 마음에 내가 뽑아온 자료의 금액을 이야기해 버렸다. 이날 미팅은 정말 어수선하고 정신없었다.

두 번째 만나게 된 날에는 준비를 좀 더 많이 했다. 상품은 접어두고 나에 대한 소개서를 작성했다. 한라산 완주증도 추가로 한 장 넣었다. 완주증을 보여드리며 끈기와 열정이 있는 사람임을 어필하고 싶었다. 최근 재미있게 읽었던 "삼국지"에 나오는 사마의에 관한 책도 넣었다. 멋져 보이는 사원들이 일하는 큰 사무실을 지나 조경이 창가 가득 펼쳐진 멋진 대표실로 들어섰다. 대표님은 이번에도 보험의 니즈가 크게 없으셨다. "내가 왜 윤 선생에게 보험을 추가 가입해야 하나요?" 한라산 완주증을 보여드리며 "저와 같은 끈기 있는 설계사에게 보험 가입하면 오래오래 관리 받으실 수 있습니다."라고 말씀드렸더니 안 먹힌다. 안젤리나 졸리가 어린아이에게 손을 대고 있는 그림의 문구를 보여 드렸다. 문구에는 '내가 널 돕는 이유는 불쌍해서가 아니라, 네가 이 나라의 미래이기 때문이야.'라는 문구가 적혀 있다. 대표님은 안젤리나 졸리가 누구인지도 모르셨다. "이 사진을 왜 보여 주나요?" "저처럼 아이 셋 키우며 열심히 일하는 건강한 사람에게 보험 가입하시면 미래가 더 밝아지거든요." 그날 내 이야기로는 설득이 안 됐다. 한라산 완주증도 소용없었다. 준비해간 책을 드리려 하니 부담스럽다며 가지고 가라신다. 앞장에 대표님께 적은 글씨를 보여드리며 "다른 분에게 줄 수 없으니 잠간의 여유가 생길 때 읽어 보세요. 정말 재미있고 경영에 유익한 책입니다." 돌아서서 오는 길, 내 두서없는 말들에 스스로 웃음이 나왔다.

한 달 후 대표께서 전화를 주셨다. "윤 선생, 내가 그 책을 진짜 재미있게 읽었어요. 보험은 못 들어 주지만, 고마워서 밥을 사주고 싶어요. 언제 회사로 오세요." 나는 희망을 품고 혹시 몰라 사인 받을 서류도 챙겼다. 뭘 사주실까? 한정식? 횟집? 사내 식당으로 데리고 가셨다. 검소한 점심이었고 서류는 꺼내지도 못했다. 그 후 계속되는 거절 끝에 대표님은 내 고객이 되었다. 처음 들고 갔던 50만 원보다 몇 배나 더 큰 금액의 계약을 했다. 첫 계약을 하며 한 말씀이 잊히지 않는다. "난 부지런한 사람이 좋아요. 시간을 아끼고 가치 있는 곳에 열정을 쓰는 사람이 좋답니다." 내가 그런 사람 같아 계약했으며 앞으로 본인의 보험 잘 부탁한다고 했다. 그때부터 더 부지런한 사람이 되려고 노력한다. 검소함이 몸에 배 지금도 누가 휴지를 달라고 하면 반으로 잘라 주는 습관이 있는 대표님은 여전히 날 성장하게 만드는 스승님이시다. 두 어깨에 수많은 직원을 짊어지고 최선을 다하며 한 명을 귀하게 여기는 대표님이, 내게는 안젤리나 졸리다. 닮고 싶은 롤 모델이다. "윤선생, 당신은 얼마를 했나요?" "네, 이제 겨우 11년 차 보험설계사입니다."

## 소개받아 간 곳에는
## 노부부가 있었다

소개받아 간 곳에는 노부부가 있었다. 농사를 짓는 부부는 금슬이 좋았다. 아들 둘이 있는데 아직 장가를 못 가 걱정이라고 하신다. 오랜 농사일로 허리가 굽으셨다. 마흔 살이 넘은 아들이 걱정돼 보험을 많이 들었는데, 아버지가 상해로 다쳤고 병원비 나오는 보험이 없어 보험료만 내고 혜택은 못 받았다고 하셨다. 두 분의 보험을 봐 드리고 부족한 실비 보험을 가입시켜 드렸다. 그 후 병원 가기 전에는 꼭 전화를 주신다. 다녀오신 후 내가 직접 병원을 찾아가 서류를 발급받고 보험금을 타 드린다.

한번은 서류를 떼려고 병원 앞에서 만났는데, 새벽부터 내게 주려고 뭔가를 한 짐 들고 오셨다. 상추랑 딸기 등, 야채가 가득 담겨 있었다. 이럴 땐 가슴이 오글오글 기분이 좋다. 그 이후, 공문서 보낼 일이 생기면 전화하신다. 꼼꼼히 챙겨 면사무소에 제출하는 것도 도와드린다. 이해되지 않는 상황이 생기면 또 전화가 온다. 담당자와 다시 통화한 후 어머니께 차근차근 설명 드린다. 콜센터에 전화 걸어 상담원과 통화하기까지 주민번호 앞자리를 눌러야 하고, 인증번호도 받아야 하는 번거로운 일이 있으면 달려간다.

나는 세일즈를 하는 사람이지만, 손 내밀면 닿는 곳에 있어야 하는 사람이기도 하다. 때로는 고액 연봉을 받으려면 고액 자산가 고객이 많아야 하지 않냐고 한다. 맞는 말이다. 급여가 작은 계약 100건을 한 것과 고액 계약 한 건이 같을 때가 있다. 작은 계약의 고객은 작고, 큰 계약의 고객은 큰 것인가 하면 그렇지 않다. 한 명 한 명의 고객이 다 소중하다. 내게는 고객이 되어 준 고객과 나를 거절하거나 내게 기회를 주지 않은 스쳐 가는 고객만 있다. 그래서 고객은 작건 크건 모두 소중하다. 그 모든 고객의 필요를 채워주는 담당자가 되고 싶다. 손을 뻗으면 가까이에 있고 당황스러운 순간이 오면 제일 먼저 달려가 주는 사람이 되고 싶다. 마음 따뜻한 사람.

# 진주 목걸이
# 살 형편이 안 됩니다

길모퉁이를 돌면 뭐가 있을까? 미지의 고객을 만나 세일즈 하는 것이 이관계약 영업이다. 두려움을 극복하고 용기를 내 전화해 약속 잡고 만나, 상담 후 고객으로 만든다. 한번은 경동시장에 계신 이관계약 고객을 만나러 갔다. 농산물을 파는 분이었다. 선물을 드리고 농산물도 한 아름 사왔다. '당신이 마음에 들고 보험도 필요하니 계약하고 싶다'고 했고 두 번째 미팅에 사인을 받았다. 다음에는 '친구들 소개도 해 주겠다'며 친구 세 명을 데리고 나왔다. 식사도 계산하고 회사 사은품을 친구분들에게까지 챙겨 드렸다. "중국에서 들여온 진주가 있는데 상품이 좋으니 사라."고 한다. 진주 목걸이를 살 형편이 안 된다고 말씀 드린 후 보험 이야기를 하려고 하니까 바쁘다며 가야 한다고 했다. 다음날 계약도 취소하셨다. 네 명 식사에 선물까지, 본전 생각이 난다. 그 후로는 고객에게 선물부터 드리지는 않는다. 밥은 여전히 잘 산다. 이런 일이 이번뿐이었을까? 숨어 있던 보험금 몇 천만 원을 찾아드렸음에도 불구하고 다음날 발신자 차단을 당한 적도 있다. 실패의 개수가 늘어나면 성공한 계약도 늘어난다. 여전히 이관 고객에게 전화하고 처음 만나러 갈 때면 설렌다. 어떤 고객을 만나게 될지 행복한 기대를 가득 품어 본다.

\* 이관: 원 모집자가 그만두게 되어 담당자를 잃어버린 계약을 새로운 담당자에게 배정하는 것.

## 나쁜 보험은 없다, 관리 받지 못한 보험이 있을 뿐이다

보험 회사에 다니다 보면 고객의 부모 형제자매를 소개받을 때가 있다. 고객은 서울에 살지만, 부모님이 지방에 계실 때도 많다. 한번은 안면도에 계신 부모님을 방문해달라는 부탁을 받았다. 안면도 끝자락 작은 항구 동네에 도착해 부모님을 뵙고 계약했다. 2층 이모님이 내려와 이모님 부부도 계약했다. 친구인 건너 미용실 원장도 보험 내용을 봐 달라고 하셨다. 만나 뵙고 차근차근 설명하는데, 머리에 파마 루프가 말려져 있는 아주머니께서 "내 보험도 한 번 봐 줘유~." 하신다. 다음 일정을 잡고 온 후, 보험 내용을 살펴봤다. 보험이 완납되었지만 보험금 청구는 한 번도 한 적이 없었다. "병원에 다녀온 적은 없으세요?" "남편이 큰 교통사고가 난 적이 있는데, 그때부터 치아가 안 좋아져 앞니를 모두 임플란트로 했어."라고 하셨다. 가지고 있던 종신보험은 예전에 가입한 거라, 골이식을 동반한 임플란트를 하면 혜택이 큰 보험이었다. 10년 전 기록까지 모두 찾아 수술비를 받아드렸다. 안면도 항구 앞 횟집을 하셨던 고객은 '보험은 들 줄만 알지 타 먹는 방법을 몰랐었다'며 너무 고마워하셨다. 아는 분 소개도 해주고 보험도 추가 가입해 주었다.

보험은 가입도 중요하지만 관리가 중요하다. 담당 설계사가 그만두어 물어볼 곳이 없어진 어르신들은, 어려운 서류 절차를 밟아 보험금 청구를 하는 것이 쉽지 않다. 숨어 있던 보험금을 타 드리면서 진짜 보험 세일즈가 시작된다. 보험 혜택을 받게 하고 부족한 부분은 라이프 스타일과 시대에 맞춰 채워 나가면 만족하신다. 나쁜 보험은 없다. 단지 관리 받지 못해 보장의 혜택을 누리지 못하는 보험이 있을 뿐이다.

# 제주살이

제주에는 고객들이 많아 한 달에 한 번 정도 방문한다. 제주를 자주 방문하는 내게 둘째 언니가 제주살이가 꿈이라며 함께 가보고 싶다고 했다. 고객 미팅 일정에 맞춰 언니와 쌍둥이들을 데리고 함께 내려갔는데 막내 다빛은 이모와 그곳에 살고 싶다고 한다. 그 날로 몇 군데 타운 하우스를 보고 1년 살기 집 계약을 했다. 다빛은 바로 전학을 했다. 넓고 아름다운 마당이 있는 집에서의 목가적인 생활이 시작되었다. 주말, 표선 앞바다에 통발을 내려 물고기를 잡기도 했다. 한번은 큰 돌문어 두 마리가 들어가 있어 모두를 깜짝 놀라게도 했다. 맛있게 삶아

먹었다. 이후로 바다뱀장어 기타 물고기도 잡고 사진도 많이 남겨 놓았다. 전화를 해서 "어디야?" 하면 다빛이는 "바닷가야. 친구들이랑 축구하고 수영하고 있어. 이제 이모랑 제주숯가마에 갈 거야."라고. 부럽다! 졸업 학예회 때 잔나비 노래를 우크렐레 연주와 함께 멋지게 불러 학교 인싸가 되기도 했다. 제주에 친구들이 워크샵이 있거나 고객들이 여행 일정이 있다고 하면 그 집 이층을 통째로 빌려드리기도 했다. VIP 고객이 제주를 방문할 때면 요리를 잘하는 언니에게 맛있는 아침식사도 주문하고 냉장고에 맥주를 가득 채워 놓기도 했는데 반응이 뜨거웠다.

  제주에는 호텔에 근무하는 호텔리어, 학교 선생님들, 더덕 농장을 하시는 분, 큰 카페의 사장, 카센터 사장, 귤 농장 사장, 한난을 키우는 분, 버섯을 가루로 판매하는 농원 사장, 묘목 키우는 분, 바다 낚시 전문인 분, 도청에서 일하는 공무원 부부, 기상청에서 일하는 분, 조가보를 만드는 작가, 줄 서서 먹는 밋집 사장이 계시다. 덕분에 제주더덕, 귤, 감자, 고사리 등을 육지의 고객에게 보내드리기도 한다.

# 제주 찍고
# 경주, 부산, 강릉

제주에 고객이 많지만 경주에도 소중한 고객이 있다. 소개 받고 자수성가한 사장님께 전화를 걸어 방문하려는데 첫 말씀이 "꼭 와야 하는 건가?" 난 보험이 많아 도움을 못 줄 수도 있어. 괜찮아요. 부담 갖지 마세요. 얼굴 뵙고 인사 드리러 갈 게요. 소고기를 숯불에 구워 먹는 곳에서 점심을 사 주셨다. 식사 후 먼 길 달려온 난 본론을 꺼냈다. 어떤 보험들이 있는지 봐 드려도 될까요? '먼 길 왔으니 맛있는 점심을 사주고 돌려보내려 했는데 이 아이 끈질기네.' 자세히 살펴보니 임플란트를 하면 큰 금액이 나오는 보험이었다. 오래 전 1천만 원 가까이 들여 치료를 하셨다고 했다. 치과에 전화를 해 서류를 준비해 달라고 요청하고 오는 길에 받아 바로 청구했다. 1천만 원 이상의 숨어 있던 보험금이 나왔다. 이후 사장님은 내 팬이 돼 주셨다. 경주에 갈 때면 사무실에 꼭 한 명 이상의 친구들이 기다리고 있었다. 대표님의 인품과 인맥으로 친구들과 직원들의 계약을 줄줄이 할 수 있었다. 현명하신 대표님께서 보험 상품도 이미 꼼꼼하게 다 설명한 후라, 내려가면 계약하기가 쉬웠다. 한 달에 한 번, 경주 일정은 행복하다. 맛있는 복으로 만든 음식, 코다리찜, 한정식, 쌈밥, 교리김밥 등등, 맛있는 음식을 먹을 수 있고 일상에서 벗어나 여행 온 기분으로 고풍스런 거리에서 휴식도 취해 본다.

# 경주 찍고 부산

부산에도 많은 고객이 있다. 한번은 제주 도청에 근무하시는 고객이 부산에 있는 어머니를 소개해 주셨다. 어머니는 먼 곳까지 와 줄 수 있는지 물으셨고 나는 어디든 간다고 제주도 가니 부산은 가깝다고 말씀드리고 찾아뵈었다. 집에 도착하니 정갈하고 맛있는 점심이 차려져 있다. 점심을 먹고 상담을 마친 후 돌아가기 위해 택시를 타고 출발하는데 창문으로 하얀 봉투를 던지신다. 차도 못 세우고 당황했다. 귀하고 귀한 돈 봉투를 보는데 가슴이 뭉클하다. 최근 뇌졸증으로 쓰러진 아들을 돌보느라 힘드실 텐데 귀한 돈을 넣어 차비하라며 주신 거다.

어머니 고운 인품이 가슴에 닿는다. 그 봉투는 지금도 간직하고 있다. 돌아와 어머니 좋아하실 만한 선물과 아드님 몸에 좋은 건강식품을 사 소포로 보내드렸다.

## 부산 찍고 강릉

강릉 가는 날은 기분이 좋다. 날이 좋아 하늘이 푸르면 바다가 더 파랗게 보여 멋지고 비 오는 바다는 운치가 있어 멋지다. 어떠한 날씨이더라도 멋진 강릉, 동해 일정은 설레임 가득이다. 하슬라 아트 뮤지엄의 대표님은 세계를 다니며 콜라보 작품 전시와 우리 작가들을 알리느라 뵐 수 있는 날이 많지 않아 일정을 잘 맞춰야 한다. 많은 시간을 투자하고 노력해 빚어낸 작품을 홍수로 잃었다. 다시 처음부터 시작해 지금의 하슬라 아트 뮤지엄이 되기까지의 스토리는 연극으로도 만들어져 공연이 되기도 했다. 인스타그램에서 꼭 사진으로 남겨야 하는 필

수 성지로 꼽히는 핫 플레이스로도 유명하다. 열정적이신 대표님과 교수님 부부를 뵐 때마다 많은 것을 배운다. 지인 찬스로 무료입장 할 때면 내 어깨가 하늘로 올라간다. 강릉에 들러 노무사님과 동해의 선장님을 뵙고 킹 크랩과 대게가 가득 담긴 큰 어장을 보면 새벽부터 현장에서 일하시는 모습에 가슴 깊이 존경심이 일어난다. 내 일이 소중하게도 느껴진다. 이런 소중한 한 분 한 분을 만난 것이 기적 같다.

# Mental Management

## 눈에 보이지 않는 것을
세일즈 한다

다양한 세일즈가 있다. 말 그대로 파는 것. 보험 세일즈가 독특한 것은 눈에 보이지 않는 상품을 판다는 점이다. 쉽게 이야기하자면, 돈으로 돈을 사고 먼 미래의 가치를 산다. 미래에 혹시 일어날지도 모르는 일에 대비를 해, 눈에 보이지 않는 보장을 산다. 보험은 사행성적인 면이 있다. 확률을 기반으로 값이 결정된다. 자녀가 있는 가장은 만약에 대비해 남겨질 가족을 위해 보험을 든다. 암이나 기타 질병에 걸렸을 때를 가정하고 치료비와 퇴사하게 될 가능성을 따져보고 보험에 가입하는 것으로 대비한다.

갑작스러운 사고로 부모를 여읜 사람이 보험금을 받아 학업을 마쳤다는 이야기를 들은 적이 있다. 위급한 순간 보험금으로 질병을 치료했다는 이야기도. 보험을 미리 준비해 큰 도움을 받았다는 주변 이야기를 들어보았을 것이다. 그래도 보험 세일즈를 선입견을 갖고 바라본다.

보험 세일즈를 한다고 하면 상대방으로부터 대우를 받고 있다는 느낌이 들지는 않는다. 직업에 귀천이 있나 보다. 돈도 귀천이 있나 보다. 진단금을 지급하기 위해 고객을 만났는데, 이 파서 받는 더러운 돈이라 한다. 그 고객은 더러운 그 돈으로 치료와 유전자 검사를 하고 지금은 건강하게 잘 지낸다. 더러운 돈이 아닌 고마운 돈이다. 눈에 보이지 않는 상품을 세일즈 하는, 보험설계사는 이야기꾼이 되어야 한다.

시뮬레이션을 고객의 눈높이에 맞춰 고객이 상상할 수 있는 범위에서 시대적 배경을 잘 설정하고 감정 조절 잘 하면서 담담하고 현실성 있게 말해야 한다. 아무리 잘 말해도 계약서에 사인하는 이유는 각각 다르다. 담당자가 자꾸 바뀌는 것이 싫어서 오래 일할 수 있는 경력자를 원해 가입하기도 한다. 보험금 청구가 번거로워 대신 일 처리를 도와줄 담당자가 필요해 가입하기도 하고, 상품보다 사후관리를 더 중요하게 생각하는 사람도 있다. 보험에 가입하는 가장 큰 이유는 남겨질 가족을 위해서다. 폐 끼치기 싫어서이거나 짐이 되고 싶지 않아서일 때도 있다. 나 역시 보험 가입하는 이유는 나 자신뿐 아니라, 남겨질 세 아이를 위해서다.

일찍 상속세 재원을 마련하고 10년에 한 번씩 증여를 미리미리 해 놓은 고객은 본인도 상속으로 받은 분이 많다. 상속세로 내야 할 세금이 많으니 미리 증여하는 것이 현명하다고 조언해드려도 듣지 않는 분도 많다. 심지어 다 쓰고 갈 거라고 말하는 분도 있다. 사실 그런 분들은 돈 벌 줄만 알지, 쓸 줄은 모른다. 보험 가입하고 설계사가 그만둬 관리를 받지 못 하다가 보장 내용도 모르고 해약해 버린 보험이 누구나 하나쯤은 갖고 있을 수도 있다. 여러 가지 이유로 보험이 무작정 싫을 수 있다. 싫다고 외면했다가 나중에 필요한 순간이 와 후회하면 본인만 손해다. 서운했던 감정은 내려놓고 열심히 살아온 자신과 남겨질 가족을 위해 꼼꼼히 보험을 점검하는 것이 지혜로운 금융관리다.

하버드 신입생이 듣는 경제 강의에서는 자산관리 비법으로 월급을 받으면 가장 먼저 보험에 가입하고, 다음으로 저축하고, 거기서 남은 돈으로 인생을 즐기라고 가르친다고 한다. 금수저 흙수저 분류해 남겨준 거 없다고 금수저 부모를 부러워하며 정작 자신도 남겨줄 게 없다. 받고는 싶고 주기는 싫은 게 보험이다. 보험에 가입하면 오히려 재수가 없다고 하는 근거 없는 소문은 누가 퍼트린 건지 정말 궁금하다. 아이러니하게도 암 진단을 받으면 가장 먼저 떠오르는 생각이 '내 보험에서 얼마 받을 수 있더라?'이다.

고객에게 어떤 편견과 선입견이 있든지 난 보험 세일즈 하는 사람이다. 그 선입견을 뛰어넘어 보험에 가입시키는 것이 내 일이다. 재수 없다는 헛소문을 잠재우고 가장의 유고시 아내와 자녀에게 생활비로 남겨주자고 설득한다. 또 그만두면 어떻게 하냐고 물으시면 그건 저도 장담할 수 없지만, 크게 사고 나지 않는 한 최선을 다해 일하겠다고 하고 1년에 한 번씩 보장 내용도 계속 리마인드 해 드리겠다고 설득한다.

본인 자신도 안 받았으니 안 남겨주겠다고 하면 결국 세금을 더 많이 내게 되니, 가정보다 나라에 애국하는 것이라고 하며 세법에 관한 자료를 드린다. 자신은 그런 병에 안 걸리며, 가족력도 없다고 하는 불사조 고객들에게는 통계 자료뿐 아니라 혜택 받는 고객들 이야기도 한다.

거절, 그 너머에 있는 개인들의 필요를 헤아려 본다. 딱딱한 마음을 녹일 수 있는 것이 무엇인지 찾아본다. 이 분의 마음을 움직이는 한 마디는 무엇일까? 싱글 고객의 마음을 움직이게 하는 한 마디는 부모님이다. 부모님에게 맛있는 철원 쌀도 보내드리고 옥수수도 보내드린다. 가장에게는 아내와 아이들이기도 하고, 어떤 분에게는 자유와 여행이기도 하고, 내게는 세 아이다.

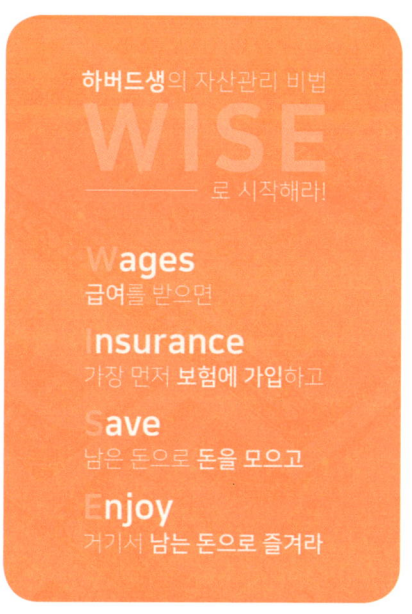

▲ 하버드생의 자산관리 비법

# 성공은 용기에 비례한다

전화로 약속을 잡았다면 이제 만나볼까? 한 명을 만나 사인해서 계약에 이르기까지 거쳐야 할 관문이 많다. 약속 잡는 것. 만나 신뢰 쌓는 것. 보험의 필요를 느끼게 돕는 것. 상품을 소개하고 선택해 결정하는 것. 사인하고 이후 가입 여부를 확정하기까지의 과정이 남아 있으며 그 후 제일 중요한 고객관리도 있다. 한 사람의 고객을 만나 이 과정이 다 이루어져야 계약을 받고 하나의 프로세스가 완성된다. 그 과정은 사람마다 속도가 다르다. 어떤 사람은 한 시간 안에 이루어지기도 하고, 어떤 사람은 몇 개월, 몇 년에 걸쳐 이루어진다. 소개로 만난 고객과 신뢰가 쌓이면 시간이 단축된다. 돌입방문 같은 방법은 방문 이후 신뢰를 쌓는 시간이 필요해 많은 시간이 걸린다. 영업에 정답은 없다. 그러나 이 프로세스를 효율적으로 운영하면 세일즈의 성공이 성큼 다가온다.

만남에 대해 이야기해 보자. 미지의 고객과 약속을 잡고 만나러 가는 과정이 설렌다면 그건 영업 체질이다. 한 해를 뒤돌아보며 고객들 리스트를 적다 보면 한 분 한 분 모두 소중하다. '만약 만나지 않았었더라면' 아주 암담했을 거다. 그분을 만나 계약했기 때문에 목표를 이룰 수 있었고 그분을 만나지 않았더라면 다른 또 누군가를 소개받지 못 했을 것이다. 결국, 그분이 아니었다면 올 한 해가 힘겹게 흘러갔을 것이다. 그런데 여기서 그분은 누구란 말인가? 그분은 사람이지만 다르게 표현할 수도 있다. 내게 그분은, 거절 받을 두려움을 딛고 용기를 낸 마음이다. 미지의 사람 열 명에게 거절을 당해 더는 전화하고 싶지 않았지만, 나와의 약속에서 물러서고 싶지 않아서 걸었던 그 열한 번째 전화의 대상일 수도 있다. 그분은 용기의 결과물이다. 한 해 동안 만남의 수치를 계산해 보니 내가 냈던 용기와 비례한다. 용기를 내지 않았다면 만남도 없고 계약도 없고 성공도 없다. 성공은 용기와 비례한다.

부산에 고객을 만나러 갔는데 거의 도착할 무렵 전화가 왔다. 일이 생겨 오늘 만날 수 없다고 한다. 새벽에 서울에서 출발해 차로 4시간에 걸려 도착할 무렵 이런 전화를 받으면 예전에는 "네, 알겠습니다. 다음에 찾아뵙겠습니다."라고 했다. 지금은 "안 돼요. 거의 다 왔고 고객님을 위해 많은 준비를 했기 때문에 잠시라도 꼭 뵈어야 해요."라고 말한다. 그리고 고객과 대면한다. 그렇게 성사시킨 고액 계약들이 많다. 선입견을 버리고 도전한 용기의 분량에 비례하여 급여가 올라간다. 내게 용기와 급여는 같은 단어다

## 실패도 성공이다

 한번은 회사에 어떤 상품이 인기가 좋았다. 저렴해서 제안하면 쉽게 계약했다. 그러다 보니 하나의 상품만 세일즈 하게 되는 형국이 되었다. 고객의 이야기를 듣고 함께 미래설계를 하던 패턴에서 벗어나 규격화한 상품의 장점만 설명하며 세일즈 하는 식이 되었다. 많은 사람을 만나 계약을 쉽게 했지만, 급여는 오르지 않았다. 목표설정을 다시 했다. 몇 건의 계약을 하겠다는 목표에서 규격화된 상품보다 비쌌지만, 빈틈이 없고 더 폭넓은 보장을 해 주는 고액의 상품을 제안하는 것으로 바꿨다.
 '첫 달은 10건의 제안을 하자'였다. 평균 한 시간이 드는 미팅 시간이 더 길어졌다. 자료 준비도 더 많아졌다. 10건 제안을 했지만, 계약은 한 건도 못 했다. 다음 달 목표설정에서 다시 10건의 제안을 목표로 삼았다. 보험금 청구의 도움을 받고 돌아가는 고객에게 뜬금없이 상품 이야기를 꺼내 제안했다. '내 목표 10건을 채워야 하니까' 고객이 필요할 것 같지 않더라도 자신 있게 이야기한다. 고객이 묻는다. "왜 이런 이야기를 하세요?" "이번 달 목표가 10건 제안하기여서 이야기만이라도 들어 달라!"고 부탁한다. 이야기를 듣다가 고객은 "사인 하겠다."라고 한다. 노력이 가상한 걸까? 두 번째 달부터 고액 상품에 대한 계약이 하나씩 늘어나기 시작했다. 시간이 지날수록 상품의 계약이 수월해졌다. 원하는 결과가 있다면 목표를 설정할 때 완성된 건수보다 제안할 건수부터 잡는다. 성공 횟수보다 실패 개수를 적어본다. 이번 달 목표가 지난달의 두 배라면 실패의 개수도 두 배다. 미팅에 실패했더라도 목표 중 하나인 제안은 성공이니까, 실패도 성공이다.

# 선택권을 내게로
# 가져오는 법

계약의 선택권은 고객에게 있다. 하지만 그 반대일 수도 있다. 계약의 선택권은 내게 있다. 더 준비하지 않은, 더 다양하고 깊게 준비하지 않은 내게 있다. 더 제안하지 않은, 더 성실하지 않은 내게 있다. 고객에게 필요가 생겼을 때 적극적으로 대응하지 않은 내게 있고, 위급한 사항에 연결되지 않아 답답함과 서운함을 유발한 내게 있다. 상품을 설명할 때 세세한 부분까지 설명하고 이해를 도와 사인을 하게 하려면 엄청나게 긴 시간이 필요하다. 먼저 자신이 상품의 세세한 부분까지 이해하고 있는 것이 중요하다. 그런 나를 믿고 고객은 사인한다. 아플 때

의사를 믿고 맡기게 되는 것과 같은 논리다. 무슨 말인지 다 알 수는 없지만, 전문가의 의견을 존중해서. 선택권을 내게로 옮겨 오는 방법은 다음과 같다.

첫째, 전문가가 되어야 한다. 담당자가 그 분야의 전문가라면 좀 더 쉽게 자산을 맡길 뿐 아니라 자랑할 수 있다. 보장의 내용을 장황하게 설명하면 고객은 하품을 할지도 모른다. 어려운 용어와 수술 이름들로 알 수 없는 긴 문장은 모두 지루하다. 고객 대신 내가 꼼꼼하게 알아야 한다. 당신의 담당자인 나는 두꺼운 약관에서 정의하는 용어의 범위는 어디까지인지 정확히 알고 있으며, 만일 뇌졸중으로 쓰러져 병원에 가면 진료 코드를 어떻게 받아야 진단금이 나오는지와 뇌출혈로 인해 받게 되는 산전 특례 기간은 한 달밖에 안 되는 것, 어려운 용어와 수술에 관한 많은 내용도 계속 배우고 있다는 것을 어필해야 한다. 고객에게 언제든 정확한 내용을 알려주고 보험금이 지급되도록 할 수 있는, 도와주는 전문가가 옆에 있다는 신뢰감을 주어야 한다. 필요한 순간에 도움을 주는, 옆에 있는 전문가임을 인식 시킨다. 나는 상담할 때 전문가로서 만나려 노력한다. 포스트잇으로 챕터마다 표기해 놓은 두꺼운 약관을 미팅 전 테이블 위에 올려놓고 상담을 시작한다. 상담 중, 궁금한 걸 물어보면 바로 찾아 설명한다. 각 챕터에는 그림으로 요약된 사진도 붙인다. 그림을 보이며 설명하면 이해도가 높아진다. 고객은 잔뜩 뭐가 붙여진 두꺼운 약관을 보는 순간, '이 사람 전문가구나'라고 느낀다. 전문가는 다 아는 사람이 아니다. 다 알 수도 없다. 진짜 전문가는 문제가 생겼을 때 어떻게 대처하는가에서 결정된다. 고객의 필요가 생겼을 때, 적극적으로 문제를 해결하여 도움을 준다면 그 사람이 전문가이다. 비록 모르는 문제일지라도 물어보고 알아보며 최고의 해결책을 마련해 주려 노력하는 사람이 전문가다.

둘째, 고객관리이다. 담당자가 계약할 때만 친절하고 사인 후 태도가 바뀌었다는 이야기를 종종 듣는다. 계약할 때는 좋았지만, 더는 계약이 나오지 않을 것 같으면 찾아가지 않는다. 그러다 담당 설계사가 갑자기 전화해 만나자고 하면 고객이 움찔하는 것도 이런 이유다. 고객은 한 사람 한 사람, 사인 해줄 고객만 찾아다니는 사냥꾼 같은 설계사는 만나고 싶어 하지 않는다. 고객은 나태주 시인의 "풀꽃"과도 같다. "자세히 보아야 예쁘다. 오래 보아야 사랑스럽다. 너도 그렇다." 자세히 오래 보면 필요가 보이며 관계가 깊어진다. 관계가 깊어지면 그 사람을 생각하는 마음도 깊어진다. 그 과정에 어떤 일이 생기면 내가 도울 수 있는 일에 대해 그림이 그려진다. 보험은 납입 기간이 길기에 오래도록 일하는 설계사를 선호한다. 계속해서 그 보험의 가치를 이야기해 줄 수 있는 사람 말이다. 고객의 마음을 하나하나 감동시켜 100%가 되면 설계사가 제안하는 어떤 상품이라도 심하게 무리가 되지 않다면 고객은 사인한다.

100%를 채우기 위한 고객관리는 종류와 형태 등 다양한 방법이 있을 수 있다. 어떤 선배는 분기별로 생필품 박스를 몇백 명의 고객에게 보낸다. 비누, 치약, 칫솔, 샴푸, 비닐장갑 등을 넣어 거르지 않고 꾸준히 보낸다. 고액 계약이든 작은 계약이든 편견 없이 고객에게 보낸다. 소개가 끊이지 않는다고 한다. 다른 동료는 복날마다 맛있는 삼계탕 키트를 모든 고객에게 보낸다. 복날이면 담당 설계사가 저절로 떠오를 것이다. 나는 담금주를 담근다. 더덕, 인삼 등을 산지에서 구매해 년도 별로 담가 명절날 가족과 함께 드시라고 선물하면 좋아하신다.

고객관리에서 가장 중요한 것은 보험금 청구다. 쉽고 간편하게 보험 혜택을 받게 도와드리는 일이 중요하다. 어떤 종류의 서류를 떼야 하는지 정확히 알려드리고 빠르게 일 처리를 진행하는 것이 중요하다. 병원과 멀리 떨어져 사는 고객을 위해 직접 병원에 가서 서류를 떼어 청구를 도와드리면 고객은 크게 만족한다. 자세히 보면 고객이 무엇을 좋아하는지 어떤 필요가 있는지 보인다. 그리고 그 필요를 채워 줄 때 감동하게 되고 고객의 마음 통장에 적립금이 쌓인다. 100% 쌓이면 제안한 상품에 가입하거나 다른 고객을 소개해 주신다. 고객의 팬이 될 때 고객도 나의 팬이 되어주신다.

셋째, 성실해야 한다. 이른 아침 출근해 책상에 앉아 찍은 사진을 인스타그램에 올린다. 퇴근길에도 올린다. 그렇게 무한 반복한다. 어느 날 쪽지가 왔다. "오랫동안 지켜보았다. 당신의 성실함이 맘에 든다. 자산관리 상담을 받고 싶다."는 DM(Direct Message, 인스타그램 사용자들간 주고받는 메시지)이 온다. MZ 세대에게 맞는 영업 방식 중 하나다. 인스타그램이나 소셜 미디어로 성실함을 보이고 상담을 통해 고객층을 넓혀 나간다. 소셜 미디어 소통도 결국 꾸준함과 성실함이 답이다. 미지의 고객은 지켜보다가 필요한 순간 상담을 요청한다. 좋은 상담 후 계약으로 이어지며 고객관리는 미디어를 통해 진행된다. 고객은 여러 가지 알고 싶은 이슈와 정보를 쉽게 열람하여 얻게 된다. 나는 이렇게는 못했다. X세대라서 고객관리에 많은 시행착오를 거쳤다. 처음 입사하고 선배들의 방식을 무작정 따라 했다. 생일에 미역을 보내드리기도 했다. 좀 더 의미를 담아 진행하려고 생일카드를 주문 제작하고 하나하나 손 편지를 써서 미역과 함께 보냈는데, 몇 년 진행하다가 그만두었다. 고객 스무 명까지는 반응도 좋고 괜찮았는데, 백 명, 이백 명 넘게 되니 보내는 게 쉽지 않았다. CD를 드리기도 했다. 여름 휴가 전에 유행하는 신나는 댄스곡을 CD에 구워 한결이가 그린 예쁜 그림과 함께 보냈다. 그것도 몇 해 하다가 그만두었다. USB에 저장해 듣는 세대로 바뀌더니 이제는 블루투스로 음악을 스트리밍해 듣는 시대가 되었다. 겨울에는 포천 큰언니네 집에서 직접 재배해 키운 콩으로 가마솥에 띄워 만든 청국장도 보내드려 보았다. 반응이 좋았다.

청국장은 여전히 기다리는 고객에게 보내드린다. 여름이면 시골에 내려가 직접 옥수수를 따 보내드렸다. 한 해는 너무 더워 보내드린 옥수수가 모두 쉬어 드실 수 없게 된 적도 있었다. 그 정성에 불평보다 고맙다고 문자를 주신다. 제주살이를 하는 언니에게 부탁해 청귤, 조생귤도 보내드렸다. 정월 대보름에는 부럼으로 먹는 음식을 상자에 담아 보내드렸다. 이건 큰언니 아이디어였다. 언니가 직접 농사지은 땅콩과 말려 놓은 나물을 각각 비닐로 포장한 후 상자에 담아 한 해 건강을 기원하며 보내드렸더니 좋아하셨다.

어느 정도 지나니 농사짓는 언니들이 먼저 아이디어를 냈다. 나는 상품 값만 입금하면 되는 시스템이다. 수수로 만든 조청은 가래떡과 함께 보내드렸다. 목 베개도 보내 보고 차량용 청소기와 마스크 팩도 보내드렸다. 봄이면 예쁜 문구와 함께 칼란코에 화분도 드렸다.

정말 다양한 상품을 기념일에 보내드린다. 그중 제일 신경 쓰는 것은 해마다 보내드리는 달력이다. 해마다 한 분도 못 받는 분이 없도록 한다. 꼭 드리고 싶은 감사의 마음을 예쁜 글로 적고 복주머니에 복권과 함께 넣는다. 복주머니는 보라색 한지를 사서 일일이 아이들과 접었다. 복주머니 모양으로 접고 예쁜 리본으로 묶었다. 코로나가 시작되던 해에는 마스크 줄을 직접 만들어 두 개씩 함께 넣었다. 집에서 아이들과 만든 마스크 줄만 해도 2천 개가 넘는다. 한결이는 마스크 줄 만드는 장인이다. 한 개에 100원씩 용돈을 주었는데, 지금 생각하니 너무 저렴했다. 지난해는 복주머니 복권과 함께 마스크 팩 세트도 보내드렸는데 반응이 좋았다. 11월 말이나 12월 초에 보내기 위해 서머 페스티벌이 끝나는 9월부터 짬을 내 복주머니를 접는다. 내 크리스마스 시즌은 9월부터 시작된다. 하나하나 접으며 한 분 한 분 고객 얼굴을 떠올리다 보면 더 좋은 담당이 되고 싶고 감사한 마음이 가득 차오른다.

처음엔 고객을 위해 종이를 접고 선물을 준비했던 했지만, 어느 순간부터인가 그 시간을 통해 내가 더 배우고 성장함을 알게 됐다. 좀 더 마음이 깊어지고 좀 더 부지런하고 좀 더 진정성 있는 담당이 되고 싶은 마음이 차오른다. 신기하다. 달력과 함께 보험금 청구 요령 같은 안내들과 작은 선물, 복권 등을 넣은 우편물을 받아 볼 고객을 생각하면 9월부터 시작되는 연말이 즐겁다. 11월 말 주소 작업을 거쳐 우체국에 가져가면 한 해 농사가 마무리된다. 고객은 작은 선물을 받으며, 어쩌면 아직도 건재한 담당의 존재에 대해 흐뭇해 하실지도 모른다.

고객의 전화 첫마디가 "많이 바쁘시죠?"다. "전혀 안 바빠요. 말씀하세요."라고 말한다. 자주 안 만나는데 바쁜 걸 어떻게 알까? "어떻게 제가 바쁜지 아세요?" 물었더니 "목소리에서 에너지가 느껴진다."고 한다. 신기하다. 사실 늘 바쁘다. 일 하나를 처리하면 또 다른 일이 기다리고 있고, 매달 연락해야 할 고객들의 명단도 작성해야 하며 병원들 다니며 서류도 떼야 한다. 비서님께 중요한 업무 지시와 부탁한 일의 진행 상태는 직접 체크해야 한다. 전문적인 공부도 게을리 할 수 없어 스터디 그룹도 한다. 주말에 출근해 일주일 업무를 정리하고 다가올 일주일 자료도 정리한다.

그 밖에 아이가 셋이고 가사도우미도 없으니 집안일도 꽤 많은 편이다. "언제 운동하고 언제 일하며, 드라마는 언제 보고 책은 언제 쓰냐?"며 친구가 묻는다. 고객이 내게서 성실함이 느껴지는 부분은, 아마도 조금씩 새로운 방식이 더해진 달력을 볼 때가 아닐까 하고 추측한다. 연금 복권에서 즉석 복권으로 바뀌거나 마스크 줄에서 다른 것으로 정성을 쏟는 것. 보험금 청구가 더 쉽고 편하도록 채널을 개설해 이용하게 만든 부분도 마찬가지다. 카톡으로 서류를 보내 보험금이 빠르게 입금되도록 만든 시스템도 부지런하고 성실하다고 느끼게 되는 부분일 것이다. 고객에게 사인 후 긴 보험 기간 내내 끊임없이 발전하고 성장하는 모습을 보여야 재구매도 이뤄지고 소개도 나올 수 있으니까 성실함이 중요한 핵심이다. 이렇게 노력하고 내공을 키워 계약의 선택권을 내게로 가져오자.

▲ 아이들이 접어준 복권주머니

▲ 한결이가 그린 크리스마스 CD

# 운이 실력이다

운이 실력이라는 말을 들어 보았는가! 사람은 타고난 운명이 있다고 한다. 난 원래 운명 개척론자에 가까운데 살다 보니 운명론자가 되어 가는 것 같다. 눈 떠보니 우리 엄마가 내 엄마고, 우리 언니들 오빠들의 7번째 동생이고, 쌍둥이 임신하는 바람에 아이가 셋이다. 내 힘으로 할 수 있는 것도 있지만 아닌 것도 있다. 옆에 어떤 사람이 있는지에 따라 인생이 바뀌는 사람들도 많다. 사주 카페에 가서 생년월일을 말했더니 내 성향과 취향을 정확히 알아맞춘다. 사주를 보는 분의 첫 마디가 '어젯밤에도 책 읽다가 잠들었지요?'다. 책을 보다가 잠드는 것이

제일 좋아하는 일상의 마무리인데 정확히 맞췄다. 중국 사천에서 조카가 결혼식을 하게 되어 간 적이 있다. 그곳 영천사라는 큰 절 앞에 손금을 보는 분이 있어 재미 삼아 한번 본 적이 있다. 그분은 손금을 보더니 "자동차를 타고 온 나라를 돌아다니며 물건 파는 일을 한다."고 했다. 고객이 부르면 부산도 가깝다고 언제든 가고, 제주에도 고객이 많아 자주 간다. 손금 봐준 아저씨 말이 맞다. 명리학이라 불리는 사주나 주역이 일리가 있다. 분명 타고난 운명은 있지만 잠재의식에 관한 책은 운명을 뛰어넘는 의식의 세계가 존재한다고 한다. 자기 암시와 긍정적 사고가 삶을 바꾼다. 정해진 운명이 있지만, 좋은 행동과 암시로 운명을 바꿀 수 있다는 말이다.

  운이 좋아지는 행동에 관한 책에 의하면, 밝게 인사하는 것만으로도 운이 좋아진다고 한다, 인사 잘 하던 신입사원이 사람들의 호감을 받고 고평가를 받아 먼저 승진했다고도 한다. 인사만 잘해도 운이 좋아진다. 무엇보다 가장 압도적으로 높은 점수를 받는, 운이 좋아지는 행동은 베푸는 것이다. 베풀수록 잘 풀린다고 한다. 대접 받고 싶은 만큼 남에게 베풀라는 황금률이 있으니 실천해 보면 알 것이다. 나는 이런 행동들로 운을 높여 본다. 흰 옷에 커피를 쏟으면 "어머 좋은 일이 생기려나? 하하하!"하고 웃는다. 복사기 용지가 떨어지면 탕비실에 있는 무거운 복사지 용지를 들고 와 모든 복사기에 꽉꽉 채워 넣는다. 심지어 물이 안 내려진 더러운 화장실 변기를 보면 꼭 물을 내린다. 속으로 '운이 좋아지고 있어'를 되뇌며 말이다. 밸런타인데이에는 우리 지점 식구들은 물론이고 다른 지점 식구들의 초콜릿도 챙겨 책상에 놓아둔다. 소소하지만 웃으며 만나는 모든 사람에게 친절히 대한다. 친절이야말로 운이 좋아지는 최고의 덕목이라고 믿는다. 그렇게 하루, 한 달, 일 년이 지나면 나에 대한 평판이 좋아지고, 시기 질투의 대상이 아닌 응원하고 싶은 대상이 된다. 많은 사람의 응원을 받는 사람은 운이 좋아질 수밖에 없다. 운이 좋은 사람에게 사람이 몰린다. 함께 있으면 좋은 에너지를 받으니까 인기가 좋다. 오늘도 어김없이 운이 좋아지라고 매의 눈으로 사무실을 둘러본다. 복사 용지는 안 비었는지, 지저분한 책상은 없는지, 시들어 가는 화분은 없는지. "운아, 좋아져라. 좋아져라." 운이 좋아지면 무엇이 좋은가? 운이 좋으면 머리를 덜 써도 쉽게 원하는 것을 얻는다. 같은 돈을 주고 더 큰 효과를 누리게 된다. 운이 좋으면 줄 선 차선이 뻥 뚫리기도 하니까. 운이 좋으면 좋은 사람을 만나게 되니까. 나 역시 사람들에게 운 좋아지게 하는 행운의 사람이 되길 바란다.

# 하이 텐션

운 좋은 사람이 영업을 잘한다. 영업을 잘하는 사람이 운이 좋다. 운은 뽑기와 같다. 뽑았는데 엄청 좋은 상품이면 얼마나 좋을까! 막내 다빛은 운발이 있다. 게임 할 때 머리도 많이 안 쓰고 즉흥적일 때가 많은데, 이기는 것은 막내인 경우가 많다. 우리 집에서 제일 어리숙한데도 말이다. 그 아이는 왜 운이 좋을까? 하이 텐션 마음이라서 운이 좋은 것 같다. 돈을 벌기보다 운을 벌라는 김승호 교수는 운을 벌어야 돈이 벌린다고 한다. 좋은 운을 가진 사람은 무엇을 해도 잘 풀리고 좋은 운은 상냥하고 친절한 태도와 밝고 긍정적인 태도에서 모인다고 한다.

가장 좋은 운을 부르는 것은 자신을 사랑하는 것이며 자신을 돌보지도 않고 남을 돌보는 것은 오히려 운을 해친다고 한다. 자신의 가정을 돌보지 않고 남의 가정을 어찌 돌볼 수 있을까? 맞는 말이다. 책 제목처럼 '우리가 배워야 할 것은 유치원에서 다 배웠다.' 휴지를 휴지통에 넣는 것, 사람을 만나면 반갑게 인사하는 것, 미안할 때는 "미안해!"라고 이야기하는 것, 선물이나 친절을 받았을 때는 "고맙습니다!"라고 말하는 것, 대접받고 싶은 대로 대접해 주는 황금률도 모두 어릴 적 유치원에서 배운 것들이다.

커가면서 기본을 지키며 살기가 쉽지 않다. 왜 나만 그래야 하지? 본전 생각이 난다. 감사한 사람에게 감사를 표현하고 서운하게 만들었다면 미안하다고 말하고, 때로는 도움을 구하고, 필요를 보면 달려가 채워주는 게 어렵다. 알면서도 말하기는 쑥스럽다. 자라며 주변 환경적인 분위기로 인해, 뭔가 표현하는 것이 어색한 사람도 있다. 지역적 특성도 있을 수 있다. 어색하다고 미뤄두다가 운도 밀려난다. 텐션을 올려 달아나는 운을 잡아보자. 앞에서 말한 대로 밝게 인사하기부터 시작하자. 작은 친절을 받았을 때도 초롱초롱한 눈빛으로 콕 집어 감사를 표현하자. 운이 내게로 오고 있다. 주문을 외우듯 읊어 보자. 나는 고객의 전화를 받으면 하이 텐션으로 목소리가 바뀐다. "네 고객님~ 안녕하세요~" 아이들이 내 목소리를 자주 흉내 낸다. 목소리를 가다듬어도 운이 좋아진다고 한다. 연극배우들이 입에 볼펜을 끼고 발음 연습하는 것을 본 적이 있다. 텐션이 높지 않은 분께 강추한다. 아침에 세면 거울을 보면서 '난 내가 너무 좋아'라고 웃으며 이야기한다. '오늘은 좋은 일이 생길 거야'라고 크게 외쳐 보기도 한다. 처음에는 어색하다. 나도 안다. 그러나 하다 보면 기분이 좋아진다. 나를 북돋아 주고 내게 칭찬도 해 주자. 몇 년 전 읽었던 책 여백에 적힌 글이다.

2019. 6. 10

윤혜영을 칭찬한다.

성실함을 칭찬한다.

예쁜 미소를 칭찬한다.

열정과 에너지를 칭찬한다.

신실함 속에 묻어나는 진솔함을 칭찬한다.

여리고 아름다운 마음을 칭찬한다.

남을 무시하지 않는 것을 칭찬한다.

유머와 재치를 칭찬한다.

절제와 인내를 칭찬한다.

따뜻한 마음을 칭찬한다.

이 글을 보니 웃음이 나지만, 하이 텐션을 위해 부단히 노력했던 과거의 흔적을 엿볼 수 있다. 나 자신의 격려가 없었다면 지금의 윤혜영도 없다. 하이 텐션으로 운을 끌어 모아 보자. 큰 목소리로 "나는 내가 너무 좋아!" 외쳐 보자.

# 에너지를 빼앗는 사람은 멀리하자

회사에 동료 영업사원들이 있다. 성향이 내성적인 사람은 드물다. 내성적인 사람들도 영업하다 보면 성격이 바뀐다. 사람들과 어울리는 것이 즐거워야 회사 생활도 즐겁고 집중도 잘 된다. 출근해서 아침 미팅하고 오후에 귀가해서 마무리하는 형태의 하루 스케줄인데, 동료가 거슬리고 싫다면 회사에 있는 시간이 즐겁지 않다. 계약하면 축하해 주고 성공담도 나누며 지점의 분위기가 좋아야 하는데, 싫어하는 사람이 있으면 껄끄럽고 축하할 일이 생겨도 박수 보내기가 쉽지 않다. 좋은 기운이 새어나간다. 마이너스 에너지를 플러스로 바꿔 보자. 나와 맞지 않더라도 내가 싫어하는 이야기를 한 사람이라도, 크게 다툴 일이 아니면 커피도 사주고 더 밝게 인사도 건네고 에너지 흐름을 바꾸자. 계속해서 나의 험담을 한다거나 이간질하거나 부정적인 사람이라면 잘해주지 말자. 최대한 부딪치지 말자. 힘들게 끌어 올린 에너지를 뺏기지 말자. 결국, 영업은 에너지 싸움이다. 건강한 에너지로 고객을 설득시키고 집중력 있게 마지막까지 최선을 다해도 부족하다. 불필요한 곳에 어렵게 끌어모은 에너지가 흘러가지 않도록 차단하자.

# 기분 좋은 배려
# 기분 좋은 향기

입사 후 정장 입고 회사 출근할 때 기분이 좋았다. 청바지에 티셔츠를 입다가 멋지게 차려 입고 출근하니 마치 전문가가 된 듯 했다. 사람 만나는 직업이다 보니 거울 앞에 서서 점검하는 시간이 늘어난다. 미팅 전 가글도 하고 좋은 향기가 나도록 신경 쓴다. 좋은 향기가 나면 고객의 호감이 상승한다. 중학생이 된 막내가 내 향수를 몰래 가져다 쓰기 시작했다. 내가 "그거 비싼 건데 그렇게 막 뿌리니? 벌써 다 썼잖아." 잔소리하니 막내가 "이거 뿌리고 간 날이랑 그냥 간 날이랑 여자 친구들 반응이 달라." 오히려 향수 큰 병을 주문한다. 아, 애한테 인기 많은 비결이 있다는 생각이 든다. 최근 읽은 자기계발서에 성공의 9가지 방법 중 조명, 향기 등이 있었다. 향기와 성공과의 상관관계인데 향기가 사람을 정서적으로 안정시키며 집중력을 향상 시킬 뿐만 아니라 성과도 잘 이끈다는 연구 결과다. 깔끔하고 좋은 향기는 기분을 좋게 한다. 상대를 기분 좋게 하는 배려는 성공의 시작이다. 내면의 향기까지 바꾸려면 많은 노력과 시간이 필요하니 좋은 향기, 비누, 샴푸, 향수를 사용하자.

# 사랑도 타이밍
# 보험도 타이밍

전화의 기술은 사람마다 다르다. 10통 전화로 10건 약속을 잡는가 하면, 100통 전화해도 5건 미팅도 못 잡는 사람도 있다. 난 처음에 전화 100통에 2건 미팅을 겨우 잡았다. 목소리가 허스키 한데다가 잠시만 통화해도 목이 금방 쉬어 통화하기가 쉽지 않았다. "안녕하세요!"라고 말하는 순간 뚜뚜 전화가 끊어진다. 상처받는다. 전화로 고객과 약속 잡는 TA(Tele Approach) 단계에서 꼭 필요한 기술이 있다. 첫째, TA 스크립트이다. A4 용지 한 장 정도 분량으로 인사말과 간단한 자기소개를 쓴다. 전화의 목적을 명확하게 적는다. TA 단계 목적은 초회 면담이다. 그 사실을 잊어버리면 설명이 장황해지고, 미지의 고객은 만날 기대가 사라져 약속을 못 잡게 된다. "이메일로 보내주세요. 나중에 내가 필요하면 전화할게요." 등의 거절로 전화기를 내려놓아야 하나 하는 갈등을 만든다. 만남의 목적을 분명하게 밝히고 일정을 조율한다. "굳이 만나야 하나요?"라고 물어보며 세 번째 거절 의사를 드러낸다. "때마다 통장에서 금액이 나가는데 그 쓰임이 어떻게 되는지 모르고 계시니까 이번에 정확히 숙지하시면 좋을 것 같습니다." 혹은 "흔히, 보험은 사고가 나거나 크게 아플 경우 보장 내용을 살펴보게 되지요. 생각했던 것과 다르게 보상받지 못하는 항목들이 있어 놀라는 분들이 많아요. 그때 다시 가입하려고 해도 건강이 허락하지 않아 조정하고 싶어도 할 수 없는 경우가 많습니다." 등등 수많은 거절 처리를 미리 적어 놓고 세 번 읽는다. "그래요. 그럼 월요일 점심에 뵙지요."라는 말이 나오면 한 명약속 잡기 성공이다.

TA 꿀 팁 하나는 밝은 목소리이다. 얼굴도 모르는 고객이 목소리로 내 성향을 파악한다. 나 역시 상대방 목소리로만 받은 느낌으로 어떤 분인지 추측한다. 나답게, 웃음 가득 머금고 간결하며 친절하게 한 톤 올려서 "안녕하세요~." 첫마디에 기분이 좋아진 고객은 그냥 끊을 수 없다. "어디세요? 저는 ○○ 보험 회사 윤혜영 입니다." 뚜뚜뚜 다시 힘을 내 밝고 기쁜 목소리로 시작한다. 두 번째 팁은 '편견 없이 상처 받지 말고 반복하라'이다. "사랑하라. 한 번도 상처 받지 않았던 것처럼"이라는 책 문구가 생각난다. 영업현장의 TA가 그렇다. 20건 계약을 위해 전화해 20번 모두 거절당할 수도 있다. 날마다 약속 잡기 위해 전화를 들었을 때, 모두 "어서 오세요. 기다렸습니다. 내게 필요한 사람이니 조심히 오세요."라고 말하는 사람은 없다. 대부분 고객은 신뢰할 사람인지 탐색해 보고 도움이 될 거라 믿는 순간 마음을 연다. 마음을 열기까지 뚫어야 할 관문이 많다. 그 시작이 전화 약속 잡기다. 지루한 반복이 성공의 열쇠임을 알면서도 항상 어렵다. 전화로 약속 잡기가 어려워 약속 잡아주는 비서를 뽑는 분도 있다. 그만큼 어렵고 많은 에너지가 드는 일이다. TA 리스트에 있는 고객들에게 순서대로 전화한다. 매일 반복한다. 전화하다 보면 상대의 목소리와 태도만으로 그 사람 성향을 알 수 있는 듯하다. 오늘 전화 태도가 안 좋다고 나쁜 고객은 아니다.

한번은 전화 받은 고객이 전화하지 말라며 단호하고 불친절하게 통화했다. TA 리스트 반응 란에 '쌀쌀맞다'라 적어 놓았다. 며칠 후 적은 종이를 못 찾아 새로 출력해서 순서대로 전화하는데, 그분께 모르고 또 전화를 걸었다. 상대 목소리가 나오는 순간 '어이쿠, 전화하지 말라 하셨는데' 그래도 끊을 수 없어 인사드리고 "혹시 청구 못 한 보험금은 없으세요?" 이것저것 물었더니, '최근 검진하다 용종 뗀 적이 있다' 하셨다. "찾아 뵙고 청구해 드리겠다."고 하니 오라 한다. 그 고객을 만나 숨어 있던 보험금을 타게 했다. 이후 아내와 회사의 직원을 계속 소개받았고, 많은 계약과 더불어 돈독한 관계를 유지하고 있다. 운이 좋았다.

한번은 011로 시작되는 예전 전화번호만 있는 목록이 있었다. 다행히 집 전화번호가 적혀 있어 전화 드렸더니, 아버님이 받으셨다. 아들의 핸드폰 번호를 가르쳐 주셔서 받아 적고 전화를 드렸다. 본인 보장 내용이 늘 궁금했다고 해서 만났다. 보장을 잘 설명했더니 연금 개시 일도 세워 보고 추가 계약도 했다. 원래 일하는 도중에는 어떤 전화도 안 받는다고 한다. 그날은 우연히 전화기가 옆에 있어 얼떨결에 받은 거라고 했다.

사랑은 타이밍이라는 말이 떠오른다. 보험도 타이밍이다. 그리고 그 시작은 언제나 TA다. 약속 잡고 고객을 만나다 보면 경험이 쌓여 확률이 올라간다. 10명 중 5건의 계약이 10명 중 7건으로, 심지어 한 명을 만났는데 모든 가족과 계약한 적도 있다. 그런 경지에 오르기까지 실력과 경험을 쌓아야 한다.

처음 한 달에 40명을 만나다가 30명으로 줄고 계약의 질도 올라간다. 샐러리도 올라간다. 한 주 미팅 건수 대비 계약 건수를 넣으면 통계 비율이 나온다. 그 통계를 기반으로 다음 달 목표를 설정하고 전달 대비 평가도 꼭 한다. 그러면 왜 내가 이 급여를 받는지 분석된다. 원인은 고객 때문이 아니다. 밥 안 사주는 팀장 때문도 아니고, 회사 탓은 더더욱 아니다. 도전하지 않는 두려운 마음인지, 게으름 때문인지, 감정을 너무 실어 쉽게 포기하는 마음인지, 활동량이 적어서인지 분석된다. 활동량을 늘리면 그달 계약이 없더라도 그다음 달에 계약이 나오기도 한다. '활동량은 거짓말 하지 않는다.' '포기하지 않으면 언젠가 목표에 다다른다.' 오늘도 어딘가 내 허스키 목소리를 기다리는 고객에게 전화를 걸어본다. 나답게, 웃음 가득 머금고 간결하며 친절하게 한 톤 올려서 "안녕하세요~. 윤혜영 입니다." 사랑도 타이밍, 보험도 타이밍이니까.

## 소개해 주고 싶은 사람

신규고객 창출은 영업에 있어 중요한 키워드이다. 입사 초기 신규고객을 창출하려 많은 것을 해 보았다. 머니 쇼에서 머그컵을 주면서 전화번호를 받았다. 30명 전화번호를 받고 다음 날 주말에 출근해 정리한 후 한 명 한 명 전화했다. 난 한 명과도 약속을 못 했고, 어떤 계약도 이루어지지 않았다. 그때 꼭 전화하라던 그분이 어찌 이럴 수 있나! 또 한 번은 응급 키트를 드리며 신규고객 창출을 목적으로 하는 프로젝트였는데, 고려대학병원 앞에서 주말까지 응급카드를 적어드리며 세미나를 했다. 전화번호를 받아 연락 했는데, 한 분도 계약으로 이어지지 않았다. 아이키트라는 미아방지 키트를 이용해 자녀 둔 부모를 유입하는 프로젝트도 있었다. 미아방지 국가 교육까지 받아가며 열의를 다했다. 만남은 이루어졌지만 좋은 봉사 활동과 추억만으로 끝났다. 선배를 따라 새벽시장과 가락시장도 가 봤는데, 꾸준하게 하지 못 하고 중간 포기로 끝났다. 돌입방문은 정말 어렵다.

요즘 내 영업 통계는 매달 신규고객 20% 이상이다. 나쁘지 않다. 우리 회사와 계약이 없었던 신규고객을 유입하는 나만의 방법은 소개 영업이다. 고객들에게 소개해 달라고 먼저 말하는 스타일이 아니다. 이건 부끄러운 일이다. 고객을 만나 판매하는 7단계 프로세스에 분명 소개요청이 있다. "소개해 주세요."라는 말을 못 한다. 지점장님께서 소개를 받아 오면 샤넬 립스틱을 선물로 주겠다는 시책을 걸었던 적도 있는데, 그때도 "소개해 주세요."라는 말을 꺼내지 못 했다. 존경하는 선배님의 나무 RP(Role Play, 역할 연기)는 '함께 숲을 이뤄야 한다, 큰 홍수 같은 사고 시 서로에게 버팀목이 돼 주어야 하니 주위 가족을 소개해 줘야 한다.'고 하셨다. 그 자리에서 소개받고 그 소개자에게 전화로 연결해 약속을 잡는 것이다. 알면서도 그렇게 해 본 적이 거의 없다. 소개는 습관이라며, 마지막 증권 전달 시 소개요청을 하는 것뿐만 아니라, 매 순간 요청 하라고 배웠는데 실천이 어렵다. '난 왜 소개요청이 어려운 걸까?' 고민해 보면 고객에게 집중하고 있지 않다는 인상을 주기 싫어서인 것 같다. 세일즈 하는 사람이지만 아무 때나 '사주세요. 하나 팔아 주세요.'라 말하고 싶지 않았다. 그래서 소개요청을 잘 못 한다.

아침에 출근하면 고객의 전화가 온다. 가슴이 덜컥한다. 해약한다고 하면 어쩌지? 뭔가 설명을 잘못했나? 만 가지 걱정을 하며 조심스레 고객의 전화를 받는다. 신입 때는 고객의 전화가 두려웠다. 요즘은 반갑다. 경험이 쌓여 많은 경우의 수에 잘 대처한다. '친한 친구가 있는데 보험 좀 봐 달라.'는 전화가 많다. 어찌 된 일인가? 소개요청을 하지 않아도 소개가 나오는 시스템을 구축한 것이다. 내 방법은 시간이 좀 걸렸다. 고객이 되는 순간 필요를 채워드리려 노력한다. 보험금 청구 시스템을 쉽게 만들어 휴대폰으로 직접 가족의 보험금뿐 아니라 타사까지 청구할 수 있도록 채널을 운영한다. 해마다 계약이 도래하는 달에는 연례 검토(Annual Review)를 한다. 보험의 상식이나 뉴스도 지속적으로 보낸다.

소개를 받는 가장 큰 이유는 여전히 열심히 일하는 설계사라는 인식 때문일 듯하다. 아이 셋을 키우는 건강한 엄마 설계사라서. 소개해도 실망 주지 않을 것 같아서일까? 그러면 나라는 설계사는 절대 말을 옮기는 사람이 되면 안 된다. 소개자의 이야기를 함부로 하면 안 된다. 차별을 두어서도 안 된다. 상품과 전문적인 지식 이외에는 입이 무거워야 한다. 소개자를 소외시키는 일도 없어야 한다. 소개해 준 고객이 칭찬을 받을 수 있도록 최선을 다해야 한다. 그래야 소개가 소개를 부른다. 늘 자문해 본다. 나는 나를 친한 사람들에게 소개해 줄 수 있는가? 결국, 세일즈는 좋은 사람으로 성숙하게 하는 과정이라는 생각이 든다. 위급한 상황에 당장 달려와 줄 것 같은 사람, 깊은 슬픔을 나눌 수 있고 말만 해도 위로가 되는 사람, 때로는 깜짝 선물을 보내주는 여고 동문 같다가, 마지막 순간에 남겨질 가족 잘 부탁한다는 이야기도 나눌 수 있는 사람. 그렇게 든든하고 듬직해서 소중한 사람들에게 꼭 소개해 주고 싶은 사람, 난 그런 사람이 되고 싶다.

# 나만의 노하우가
# 영업왕을 만든다

영업왕이 되는 방법은 있다.
그 방법을 실천하는 사람은 드물다.

복날, 몇 백 명의 고객에게 손 편지와 함께 삼계탕을 보내는 후배가 있다. 나는 못 한다. 명단 작성하다가 초복 중복 말복 다 놓쳤다. 골프공에 그림을 그려 선물하는 친구도 있다. 나는 습작으로 버린 비싼 공이 가득하다. 황칠나무 잎이 당뇨에 좋다 해서 가득 사서 포장했는데, 몇 명께만 드리고 나머지는 아직 창고에 가득 남아 있다. 일 년에 한 번 고향 황태를 선물한다는 영업인 이야기도 있다. 그분은 만나는 모든 사람에 대한 세세한 부분까지 기록으로 남겨 다음 미팅에 활용한다고 한다. 나는 만나고 뒤돌아서면 다 까먹는다. 서류 작성은 정말 어렵다. 그래도 소중한 고객의 명단은 다이어리에 끼워 늘 가지고 다닌다. 한 분 한 분 마음에 품어두고 싶어서다. 그래서인지 고객이 오랜만에 전화하면 반갑게 받는다.

청귤을 주문해 정성으로 씻고 유기농 설탕을 넣어 담가 놓았다. 청귤청을 고객에게 드리려 예쁜 병을 사다가 넣은 후 냉장고에 넣었다. 냉장고를 열었더니 아이들이 그새 다 먹어버렸다. 어이가 없다. 선물용 먹거리는 집에 두면 위험하다. 와인 세미나를 하거나 초청 골프대회를 주최하는 등 행사를 기획해 진행하는 선배들도 있는데 존경스럽다.

존경하는 선배는 전직 중국어 통역사인데, 고객과 소그룹을 만들어 문화 세미나 강연을 듣고 스터디 한 후 현지로 여행을 다녀온다. 고객의 필요를 채워주며 깊은 유대 관계를 통해 고액 계약을 한다. 시간과 정성이 가득하고 탁월한 리더십을 발휘한 세련된 영업이다. 영업왕이 되기 위한 방법은 다양하다. 단지 내가 실천하기 어려울 뿐이다. 자신만의 아이디어로 뭔가 실천하기 시작하면 그 사람은 곧 영업왕이 된다. 나도 뭔가를 생각만 하니 아직 영업왕이 아니다. 생각을 실천해 영업왕이 될 날을 꿈꾸어 본다. 포기하지 않고 실천을 하면 언젠가는 그 날이 올 거라 희망한다.

▲ 유기농 설탕을 넣어 만든 청귤청

# 영업의 고수

실천의 첫걸음은 계획을 수치화하는 것이다. 한 달의 목표를 일주일로 나눈다. 20개 계약을 목표로 삼았다면 일주일에 5건 계약이다. 5건 계약하려면 적어도 몇 명 만나야 할까? 열 명 만나 10건 계약한다면 확률이 100%여야 한다. 영업의 신도 100% 확률은 아닐 듯하다. 만일 50%의 확률이라면, 5건 계약을 위해 열 명 만나야 한다. 한 달에 20건 계약이 목표라면 만나야 할 사람은 40명이다. 40개의 칸을 나누어 풀 리스트에 40명 이름을 적는다. 첫 줄은 내가 좋아하는 사람들의 이름이

들어간다. 만나기 쉬운 사람들부터 시작해 뒤로 갈수록 만나기 어려운 사람들의 이름을 쓴다. 40칸을 다 채워야 한다. 운 좋게 40번까지 안 만나고 목표 했던 계약을 채울 수도 있다. 내 경험으로 처음 시작 단계에서는 이렇게 되기가 쉽지 않다. 20건 계약도 있지만 20번 거절도 있다. 거절을 극복하는 방법은 추후 이야기하기로 하고, 계속 수치화 작업에 대해 살펴보자. 일주일에 열 명 미팅을 하려면 전화는 얼마나 해야 할까? 영업의 시작은 TA(Telephone Approach, 텔레폰 어프로치)다. 영업인의 바이블로 유명한 "토니 고든의 세일즈 노트"에 '금요일 저녁, 그 다음 주 17개의 미팅 스케줄이 잡히지 않으면 절대 퇴근하지 않았다'는 말이 나온다. 5개의 계약을 위해 10건의 미팅 스케줄이 잡혀야 하고 하나의 약속을 잡기 위해 전투적인 전화를 걸어야 한다. 전투적인 전화는 미팅을 낳고 미팅은 계약을 낳는다. 일주일 사이클을 수치화하다 보면 몸에 밴다.

  오늘이라는 시간 안에서 내가 물러서지 않아야 할 것들을 감각적으로 익힌다. 그렇게 수치화하며 행동하다 보면 감각이 발달 되고 영업 고수의 길에 들어서게 된다. 남들이 보면 여유롭지만, 머릿속과 몸의 온 감각은 목표를 향해 달리고 있다. 이 말에 고개가 끄덕여지면 그는 이미 고수의 길에 들어선 사람이다.

# 거절을 극복하는 방법은
# 거절의 진짜 이유를 아는 것

거절에도 여러 종류가 있다. 돈이 부족하여 살 형편이 안 되어 하는 거절에는 돈을 만들어 주면 된다. 추가 가입보다는 기존의 보험과 자산을 분석하고 재배치를 권한다. 새어나가는 돈을 끌어 모아 납입 금액을 만들어 주는 방법이 좋다. 만 원으로 가능한 운전자 보험을 5만 원 이상 내고 있다면 4만 원을 세이브하게 한다. 그 4만 원을 꼭 필요한 곳에 재배치하여 신계약을 창출한다. "아내와 상의할게요."라 말하며 거절하면 함께 만날 약속을 잡는다. 약속 잡기를 거리끼면 거절의 이유가 아내와의 상의가 아닐 수도 있다는 것이다. 그럼 왜 아내와 상의하겠다는 영혼 없는 거절을 했는지 물어봐야 한다. 아직 신뢰가 쌓이지 않아 뭔가 결정하기가 어려운 것인지, 본인이 보험 상품에 대한 필요가 없어서인지, 모호한 거절만 듣게 되면 거절 받는 나로서는 배우는 게 없다. 모호한 거절을 당할 때 구체적으로 물어본다. "거절하는 진짜 이유는 무엇인가요?" 저마다 다르다. 보험에 대한 선입견 때문일 수도 있고 앞서 계약했던 사람의 부재가 서운해서일 수도 있다. 정확히 알아야 한다. 그 고객을 만나기 위해 자료를 준비해 먼 곳까지 시간을 들여, 좋은 태도로 적극적으로 만나는 내게, 구체적인 설명 없이 거절당하는 건 용납할 수 없다. 나도 거절을 통해 뭔가 하나라도 배워야 하니까. "생각해 볼게요." 무엇을 생각해 본다는 것인가?

간혹 우리가 너무 빨리 결정해 손해를 보는 경우가 있다. 다음날 50% 할인하여 본전 생각이 나는 상품들과 큰 금액을 주고 샀는데 친구는 더 저렴하게 샀다고 하는 경우다. 우리는 뭔가를 할 때 서로 비교하며 견적 보고 그 후에 결정하고 싶다. 이런 의미에서 '생각해 볼게요'라는 거절은 가치가 있다. 내게 다른 것들과 미리 비교하는 자료를 정리하게 만드니까. 나를 성장 시키는 거절이다. 이런 거절은 아마추어가 받는 거절이다. 고객을 만나기 전, 거절에 대한 대안을 미리 준비해 가야 한다. 그래도 고객이 주저한다면 미루지 말아야 할 것들을 이야기한다. 홍수 같은 천재지변에 대비해 무너진 둑을 보수하는 것처럼 미리 대비해야 하는 것, 위험한 신호가 왔을 때 민감하게 반응해야 하는 것, 하루라도 젊었을 때 미리 준비해야 하는 것이 보험이기 때문에 이런 것들은 결정을 미루지 말아야 한다고 이야기한다. 그래도 생각해 본다고 하면 다시 겸손하게 어떤 생각들과 고민이 있는지 공유해 달라고 부탁한다. 당신의 고민을 통해 내가 배울 기회를 달라고 한다. "나는 보험을 좋아하지 않아요. 아프면 그냥 모아놓은 돈으로 치료할 거예요." 이런 사람은 패스하자. 나같이 진정성 있는 설계사에게 어울리는 사람이 아니다. 아플 때 달려와 위로가 되어주고 먼 지방까지 내려와 서류를 떼어 숨어 있던 보험금을 타게 해주며 섬세하게 보살펴 드리는데, 그 지극한 대접을 받을 자격이 없는 사람이다. 본인의 돈으로 모든 것을 하게 내버려 두자. 그 시간에 나를 귀하게 여겨주는 분을 한 번 더 찾아가자.

## 받은 것만 기억하기

거절당한 후 다시 찾아갈 용기가 내게는 없다. 거절이라는 것은 "내게 넌 필요 없어."라 말하는 것이다. 날 거절하는 것이 아닐 거야, 상품이 마음에 안 들어서야. 다음에 찾아가면 될 수도 있어. 이 정도 반응은 나쁘지 않아. 내가 정성 들이면 바뀔 거야, 나는 상처 받지 않았어.

가족의 모든 보험을 정리해 찾아가 열심히 설명하고 숨어 있는 보험금도 찾아드렸지만, 결과가 계약으로 이어지지 않으면 다리에 힘이 풀린다. 상처 받는다. 다시 오고 싶지 않다. '이 분에게 다시는 연락 안 할 거다.' 다짐도 해 본다. 의외로 큰 상처를 주는 사람들은 낯선 사람들이 아니다. 가까운 가족, 친구들인 경우가 많다. 후배는 열심히 일한 지 10년이 됐는데도 부모님이 인정은커녕 "남편이 벌어다 주는 돈으로 아껴 살아. 보험회사 그만둬."라고 하신단다. 다른 사람을 소개 시켜주는 것까지 바라지도 않는다. 그냥 있는 그대로 인정만 해 주셔도 행복할 것 같다고 한다. 나 역시 가족들이 왜 하필 보험이냐며 부담스러워 했다.

어떤 친구가 남편과 상의해 본다며 자료를 두고 가라고 했었는데 소식이 없어 마음을 비웠다. 얼마 후 이삿짐 옮기는 걸 도와주다가 내가 제안한 것과 같은 보험을 다른 영업사원에게 든 계약 증서를 봤다. 순간 얼굴이 붉어지고 가슴이 시렸다. 값없이 이삿짐을 옮기느라 수고한 몸에 힘이 쭉 빠졌다. 사람들에게는 자유가 있다. 자신의 마음대로 선택할 수 있는 자유. 그런데 왜 마음이 아픈 걸까! 최근에도 이와 비슷한 일이 있었다. 이번에도 마음이 안 좋았다. 선택은 친구의 몫인데, 왜 마음이 상한 걸까? 한없이 주고 싶은 내 마음과 정성이 명분을 잃었다. 순수한 애정이 길을 잃어 버려 마음이 아팠다. 마음과 정성을 쏟지도 않았는데, 나를 찾아와 귀인이 되어준 고객들의 얼굴이 스쳐 간다. 내가 좋아하는 그 친구는 내게 숨기며 다른 사람을 담당으로 선택했고 내가 별로 친하다고 생각 안 했던 친구는 물어물어 나를 찾아와 내게 큰 격려와 힘이 돼 주었다.

내 마음과 정성을 누구에게 쏟아야 할까? '진정한 친구를 알고 싶으면 보험 세일즈를 하라'는 말이 있다. 고액도 아닌 몇만 원으로, 필요한 보험 하나를 들어줄 수 없는 친구라면 마음이 가지 않는다. 나는 어떤 친구였을까? 성경에 친구가 '오 리를 가자고 하면 십 리까지 가라', '겉옷을 달라고 하면 속옷까지 주라'는 말이 있다. '친구는 내 슬픔을 짊어진 자'라는 인디언의 친구에 대한 정의도 들어본 적이 있다. 나는 어떤 친구인가? 자라며 '손해해 볼 일은 하지 말라'는 말에 길들여졌다. 손해 보는 사람은 어리석은 것처럼 느껴졌다. 기브 앤 테이크 라는 말이 있다. 주고받으면 주는 관계. 그런 식으로 계산하면, 주었음에도 불구하고 돌아오는 게 없을 때는 마음이 상한다. 진짜 행복한 관계는 받은 것만 기억하는 것이다. 준 것은 잊어버리고 받은 것만 기억하면 감사한 사람들로만 가득하다.

# Goal Setting and Power of Execution

# 목표에 도달하는 최고의 방법
# 목표에 먼저 가 있기

목표를 정하고 원하는 수치에 도달하기까지 나와의 싸움이 시작된다. 이 싸움에서 진짜 자기계발이 시작된다. 한계를 뛰어넘는 일. 자기계발은 한계를 극복하기 위한 동기부여와 계획들이라고 생각한다. 이 부분에 법칙과 노하우가 없으면 목표는 저만치 멀어지다가 사라진다. 목표를 잡고 성취하기까지 나라는 사람의 성향과 성격이 드러난다. 쉽게 포기하는 성격인지, 어떤 상황을 두려워하는지, 무엇을 시도하기 꺼리는지, 승부욕이 있는지, 우유부단한지, 이상만 높고 실천은 미루는 게으른지. 무엇보다 중요한 것은 실행이다. 해마다 높은 목표를 요구하는 서머 시즌에 목표를 이루기 위해 난 이렇게 행동한다.

첫째, 목표를 써서 붙인다. 목표는 조금 높게 조금 더 힘겹게 설정한다. 설정한 목표는 이미지 사진에 적어 코팅한다. 이미지 사진은 이번에 시책으로 가게 될 여행지 사진이나 유명한 운동선수가 트로피를 들어 올리는 사진에 간단히 세 줄로 적는다. 적어 놓은 목표 이미지 컷은 날마다 보는 컴퓨터 배경 화면으로 지정해 놓고 핸드폰 배경 화면으로도 지정한다. 회사 전산 아이디 비번도 목표로 바꿔 놓으면 날마다 컴퓨터 키보드에 목표를 치게 된다.

두 번째, 달성할 이미지를 미리 상상해 본다. 여기서 중요한 건 이미 달성한 것처럼 상상하는 것이다. 포상으로 가게 될 여행지에서 먹을 수 있는 음식을 찾아 사진으로 찍어 놓기도 하고, 여행지에 대한 책도 읽는다. 여행지에서 다닐 맛 집과 관광지를 알아둔다. 세계 테마기행 프로그램도 보고 또 본다. 난 이미 그곳에 있다.

세 번째, 일과 목표에 집중한다. 최대한 일찍 잠들고 일찍 일어나 일하는 시간의 능률을 올린다. 여름에는 10시에 잠들려 노력한다. 드라마도 끊고 동기부여에 도움 되는 프로그램을 본다. "슬램 덩크"나 "다이아몬드 에이스" 같은 운동 애니메이션 영화를 본다. 끝까지 공을 향해 달려가는 강백호를 보며 배운다. 마지막 마감 시간이 끝날 때까지 최선을 다하며 땡 하고 시계 초침이 끝나야 마음을 내려놓는다. 매달 끝나는 순간까지 최선을 다하는 습관이 몸에 배게 되었다. 여름 방학에는 아이들을 언니 오빠 집으로 보낸다. 일에 집중하기 위함도 있지만, 아이들이 집에만 있으면 층간 소음으로 아래층에 미안하기도 해서다. 셋이 조금만 움직여도 크게 들려 아래층에 늘 미안했다. 세 아이를 한 집에 보내면 언니 오빠가 힘들어 한 집 당 한 명씩 보낸다. 한 명이면 관심 받고 사랑 받아 말도 잘 듣고 좋은 추억 쌓고 오는데, 둘 이상이면 싸우고 말 안 듣고 정신이 없어진다. 그래서 보내는 엄마는 이쁨 받고 오라고 나눠 보낸다. 아이들은 이모, 외삼촌, 할머니 집에 가는 것을 너무 좋아한다. 사랑을 많이 해 주시고 맛있는 음식도 많이 먹기 때문이다. 큰아이 한결이는 오빠들 집으로 다엘이는 이모 집으로 막내 다빛이는 할머니 댁으로 보낸다. 그렇게 아이들을 보내고 일을 못 하면 안 되니 나도 더 집중해서 열심히 한다.

네 번째, 운동이다. 야구 애니메이션인 "다이아몬드 에이스" 주인공은 하루도 거르지 않고 새벽에 타이어를 끌며 운동장을 돈다. 이유는 우승하고 싶어서다. 실력이 체력이다. 나도 목표를 정하면 운동 계획부터 세운다. 날마다 줄넘기 1천 개씩 하기, 윗몸 일으키기 100개씩 하기, 혹은 밤마다 석촌호수 한 바퀴 돌기 등. 여기서 중요한 건 매일 하는 것이다. 날마다 하는 게 정말 어렵다. 오늘 걸르면 내일은 더 하기 어려워진다. 석촌호수를 돌 때 좀 더 즐겁게 음악을 들으며 운동하려고 사 놓은 헤드셋만 3개가 넘는다. 훌륭한 음악가는 훌륭한 체력가라는 말의 의미를 조금은 알 듯하다. 목표를 이뤄가는 과정에서 가장 중요한 것은 힘이다. 건강하고 밝은 긍정적인 에너지가 목표를 이뤄가는 과정에서 빛을 발한다. 에너지, 열정, 돈, 시간. 이런 단어는 일맥상통하는 게 있다.

  시간이 지날수록 목표를 성취하는 것만이 아닌 과정 또한 즐기게 되었다. 이번에는 또 어떤 고비를 넘기게 될까? 어떤 귀인을 만나게 될까? 어떤 분을 돕고 또한 도움을 받게 될까? 높은 목표를 세우는 여름이면 가슴이 뛴다. 어제보다 더 성장한 나를 만나게 될 시간이다.

\*신한라이프 서머 페스티벌 : 내가 속해 있는 회사는 7월, 8월 페스티벌을 통해 뜨거운 여름을 열정적으로 보내기를 독려하며 서머 페스티벌을 한다. 여느 때보다 성과 격려를 많이 준다.

# 500만 원 급여 통장

일주일에 한 건 계약하고 한 달에 다섯 건 정도 계약해 수입 500만 원이 잡혔다고 해서 한꺼번에 입금 되는 것은 아니다. 500만 원 급여를 받으려면 계약을 7건에서 10건 이상은 해야 한다. 만나는 사람마다 모두 계약이 이루어지는 건 아니니 많은 활동량이 기본이 되어야 한다. 돈을 벌고 싶은 마음은 간절한데 만날 사람이 없다. 사무실에 앉아 있으면 시간만 가고 머리가 복잡해진다. 그러다 보면 점심시간이다. 오전은 생각하느라 스트레스 받아, 커피 마시며 수다 풀고 일 좀 하려니 다시 머리가 아프다. 이제 아이들 올 시간이다. 집에 가야 한다.

오늘 저녁은 뭘 먹을까 생각하다 시간이 간다. 하루가 다 간다. 다시 아침이 오고 출근은 일찍 하지만, 걱정만 늘어간다. 그렇게 끝다가 막다른 길목에 부딪히면 돌아가든지 뛰어넘든지 해야 한다. 난 돌아갈 곳이 없다. 급여가 500만 원만 되면 소원이 없겠다는 생각이 들었다. 마음을 굳게 먹고 500만 원을 온 방에 붙여 놓았다. 화장실 거울, 부엌 서랍장, 사무실 책상, 핸드폰 메인 화면도 바꾸었다. 목표가 있다면 그곳에 이른다는 말을 믿었다. 그 목표가 나를 움직인다. 고민하며 걱정을 키우기보다 행동하기로 했다. 처음 계약해 준 고객부터 한 명 한 명 만난다. 이야기 들으며 부족한 부분 업데이트도 하자고 말씀드렸다. 그렇게 부지런히 다니다 보니 급여가 500만 원을 넘기 시작했다.

# 800만 원 급여 받기

그 다음엔 800만 원을 적었다. 800만 원을 받으면 컴퓨터 바꾸기, 나에게 선물하기, 아이들과 여행 가기 등을 적어 사방에 붙였다. 활동량을 늘리니까 몸에 한계가 온다. 일주일 스케줄이 많아지고 피로감이 쌓였다. 한번은 아이들을 언니에게 부탁하고 저녁 미팅을 잡았다. 집에 돌아와 어지러운 집과 잠든 아이들을 보니 맥이 풀렸다. 긴장이 풀려서인지 아무 힘도 나지 않는다. '언제까지 이렇게 달려야 하나' 하는 생각이 든다. 누구를 위해 이렇게 밤낮 사람들을 만나고 거절당하기도 하는가. 고마운 마음보다 부담감을 받으며 지내야 하는지 의문이 든다.

부정적인 생각들이 밀려온다. 500만 원 급여는 받을 역량이 있지만, 800만 원 급여는 아직 받을 역량이 부족했다. 그 단계의 역량을 키우면 급여는 저절로 올라간다. 돈이라는 것이, 돈을 무시하는 사람에게는 안 붙는다. 작은 사례를 받더라도 귀하게 여기면 돈은 그 사람에게 더 붙는다고 한다.

작다고 거절하면 그 다음부터 돈의 길이 끊어진다고도 한다. 800만 원 받는 사람은 그에 따른 역량이 있다. 비록 아이가 셋이더라도, 싱글맘이더라도, 여자라도, 800만 원 받을 역량이 된다면 급여는 저절로 올라갈 것이다. 그럼 그 역량이라는 것은 어떻게 만들어질까? 신념을 기반으로 한 실천에서 이루어진다고 생각한다. 목표를 적었지만, 아무것도 하지 않으면 아무 일도 일어나지 않는다. 어떤 사람이 신께 날마다 찾아와 억만장자가 되게 해 달라고 기도했다고 한다. 그 정성에 감동한 신은 "로또부터 사라!"고 했다는 일화를 들어 본 적이 있을 것이다.

소원을 이루기 위해 로또를 사는 것
목표를 이루기 위해 작은 실천들을 하는 것
내게는 이런 것들이다.

- 아침에 30분 일찍 출근하기
- 고객에게 제안할 자료를 처음부터 끝까지 읽어 보기
- 그 주에 만날 고객의 이름을 크게 써서 책상 앞에 붙이기
- 믿고 계약을 해준 고객에게 감사 표현을 하기
- 손 편지로 마음 전하기
- 실수했을 때 변명하지 않고 바로 시정하기
- 귀찮은 일 먼저 해 놓기
- 문자나 톡이 오면 바로바로 적극적으로 대답 주기
- 규칙적으로 안부전화 하기
- 전문적인 지식 습득하기
- 월요일 아침에는 좋은 글을 써서 모든 고객에게 문자나 톡으로 보내기
- 봄날에는 칼란코에 화분 선물하기
- 계약했던 고객에게 연례 메시지 보내며 안부 전화하기
- 초등학교, 중학교, 고등학교, 대학교 동문 친구들에게 뜻밖의 소포 보내기
- 육아로 바쁜 고객에게 수분크림 보내기

등등

# 1000만 원 경계

1천만 원에서 2천만 원으로 가기는 또 다른 영역이었다. 활동량을 늘려도 어느 정도부터는 급여가 오르지 않는다. 다람쥐 쳇바퀴 돌 듯 반복된다. 더 높은 목표를 세워도 몸만 피곤하다. 이때는 계약마다 금액을 올리는 방법이 좋다. 10만 원으로 마무리될 금액에 추가 설명 한두 개를 자료와 함께 이야기하면 고객은 무리 없이 2~3만 원 더 금액이 추가되더라도 받아들인다. 그렇게 하면 고객은 보장이 더 많아지고, 나는 몇 명 덜 만나도 되니 체력적 여유가 생긴다.

만나는 고객층을 넓히는 방법도 좋다. 사업과 전문직에 종사하는 직업군으로 고객층을 넓힌다. 그런데 고객층을 넓히기는 마음처럼 쉽지 않다. 지금까지 스터디를 통해 배우고 경험을 통해 시행착오를 거듭하고 있다. 예전에는 대표님들 만나면 두려워 말도 잘 못 꺼냈지만, 지금은 여러 가지 질문도 하고 작은 도움도 드리고 있다. 역량을 높이기 위해 배우는 것은 가치가 있다. 날마다 성장하는 나를 만난다는 것은 세상에서 가장 설레는 일이다.

# 2천만 원

2천만 원 급여로 세금 내고, 비서 급여 주고, 고객에게 꾸준히 선물 보내고, 저축하고, 아이들에게 들어가는 비용과 생활비로 사용하면 급여는 순식간에 사라진다. 열심히 일하고 순식간에 사라지는 급여를 생각하니 허무하다. 왜 월 3천 그 이상을 받고 싶은지 곰곰이 생각해 본다. 넓은 집을 갖고 싶어서? 명품 가방을 사고 싶어서? 참고로 나는 넓은 집도 명품 가방도 없다. 명품 아이들이 있고 명품 동료들과 고객이 있다.

  돈을 벌고 싶은 이유는 더 나은 삶의 질을 기대하기 때문이다. 최근 정경화님 공연이 예술의 전당에서 있었다. 대구로 출장 다녀온 날이었다. 늦지 않게 겨우 도착해 막내와 함께 공연을 보았다. 공연 후 두 시간을 기다려 정경화님 사인을 받았다. 3천만 원 급여와 정경화님 바이올린이 무슨 상관이 있을까? 큰 상관이 있다. 공연 앞자리 비용이 엄청 비싸기 때문이다. 앞자리와 뒷자리의 감동은 다르다. 다르기에 비용 차이가 난다. 아들과는 클래식 공연을 보러 가고 둘째 딸과는 뮤지컬 공연을 보러 간다.

몇 년 전 크리스마스 이브에 "지킬 앤 하이드" 뮤직컬 공연을 예매했다. 함께 보러 가자고 했더니, 아이들이 귀찮아하며 안 간다고. 코로나로 여행을 못 가던 시기라 좋은 추억을 만들어 주고 싶어 나름 계획한 일이었다. 아이들이 다 커서 내 품을 떠나도, 함께 한 여행이나 같이 본 공연들은 계속 이야기할 것 같아 거금을 들여 예매했는데, 안 간다고 하니 서운했다. 이거 비싸게 예매한 거라며 같이 가 달라고 애원하여 겨우 데려갔다. 관람 후, 아이들 반응은 폭발적이었다. 이래서 사람들이 뮤지컬을 관람하는가 보다며 즐거워했다. 특히 둘째 다엘이가 자주 오자고 했다. 그때부터 다엘이랑 뮤지컬을 본다. 급여가 올라가고 이런 여유가 생기는 것에 감사하다.

최근 후배가 "선배님은 일을 즐기는 것 같아요."라고 한다. 일이 즐겁다. 아이들에게 당당할 수 있어서 좋고 일한 만큼의

대가를 받을 수 있어서 감사하다. 아이 셋으로 연봉 3억을 받기까지 시행착오를 거쳐 성장한 나 자신에게 감사하다.

▲ 친필 싸인 받은 바이닐

# 향기 나는 초를
# 주는 후배

지난주 후배 사무실에 다녀 왔다. 주말 이른 아침 출발해 아침부터 향기 나는 초를 함께 만들었다. 후배는 예쁜 유리병에 유기농 초를 만들고 꽃잎으로 장식해 마무리 했다. 향초 선물은 처음에는 향기에 반하고, 불에 타면 밑으로 보이는 좋은 문구에 반하고, 마지막으로 정성에 반한다고 해서 나도 만들어 보려고 방문했다. 이른 아침부터 늦은 저녁까지, 향초를 녹이고 장식하고 포장까지, 시간이 오래 걸렸다. 또 하기는 힘들 듯하다. 목이 뻐근해지는 힘든 작업이다. 난 더덕주나 담가 드려야겠다는 생각이 들었다. 더덕주는 더덕을 깨끗이 씻어 말린 후

술만 붓고 시간이 지나기를 기다리면 된다. 향초는 정성이 많이 든다. 그런데 후배는 골프공에도 일일이 그림을 그려 선물을 한다. 이 정도면 후배 스타일이 그려진다. 그 친구의 좌우명은 '정성은 지구도 움직인다!'이다. 내가 고객이라면 이런 친구에게 내 자산을 맡기고 싶을 듯하다. 고객뿐 아니라 내게도 종일 시간을 내어주어 향기 나는 초를 함께 만들어 준 멋진 후배. 이 후배를 보면 영화 "역린"에 나오는 대사가 떠오른다.

작은 일도 무시하지 않고

최선을 다해야 한다.

작은 일에도 최선을 다하면

정성스럽게 된다.

정성스럽게

되면

겉에 배어 나오고

겉으로 드러나면

이내 밝아지고,

밝아지면 남을 감동시키고,

남을 감동시키면

이내 변하게 되고,

변하면 화(化)하게 된다.

그러니 오직

세상에서 지극히 정성을 다하는

사람만이 나와 세상을 변화되게 할 수 있다.

- 중용23

## 20년 전부터 지금까지 매주 남대문 시장을 방문하는 선배

세찬 기세로 방문하는 영업을 돌방이라고 한다. 돌방 하는 분들은 큰 시장이나 빌딩에 있는 회사 사무실을 타깃으로 삼는다. 처음 계약이 나오기까지가 쉽지는 않지만, 한 분이 계약하면 줄줄이 일대의 사람들이 계약한다. 몇 년이 걸릴지도 모른다. 돌방으로 고객의 마음을 여는 기술은 매주 정해진 시간에 신실하게 방문하는 것이다. 가다가 안 가면 그동안 갔던 시간마저 다 사라진다. 내가 좋아하는 선배는 20년 전부터 남대문 시장을 방문했다. 갈 곳이 없어 정한 곳이 남대문 시장이었다고 한다. 선배가 시장 구경을 좋아하기 때문이기도 했다. 소녀

처럼 여린 목소리로 이야기하는 선배와 남대문 시장이 어울리는 조합은 아니다. 첫날 용기 내어 크게 "앞으로 꾸준히 찾아뵙겠습니다." 인사하며 전단지를 돌렸는데, 보는 앞에서 전단지를 구기는 등의 박대를 받았다고 한다. 그래도 포기하지 않고 좋은 문구를 예쁘게 뽑아 상품 전단지 대신 돌리며 인사했는데, 어느 날부터인가 상점 냉장고에 그 종이들이 붙여지더니 점차 인사를 주고받게 되며 고객이 생기기 시작했다.

그렇게 10년, 20년. 여전히 매주 신실하게 시장에 간다. 처음에는 누가 말을 시킬까 엄청 겁이 났다고 했다. 크리스마스 시즌에 시장에 계신 분들을 위해 하나하나 선물을 포장해 간다며 짐이 산더미여서 도와드리러 같이 갔다. "오늘이 벌써 목요일이구나!" 선배 얼굴로 요일을 알 수 있다고 한다. 시장에 커피 배달하는 이모님은 내게도 공짜 커피를 타 주시며, 선배 오는 날을 매주 기다린다고 한다. 아동복 가게 이모는 선배와 가족보다 더 가깝고 믿을 수 있는 사이라고 내게 소개한다. 20년 동안 신실하게 보낸 선배의 시간이 어떠했을지 눈에 그려진다. 처음 고객이 되어주셨던 사장님이 최근에 돌아가셔서 선배는 많이 울었다. 갈 곳이 없어 가기 시작한 곳이었는데, 이제는 기다리는 사람들이 있는 곳이 되었다. 매주 나를 보고 싶어 기다리는 사람들이 있다면 한 주, 한 주가 빨리 지나갈 것 같다. 그래서인지 선배는 20여 년의 시간을 마치 엊그제 처음 방문한 사람처럼 여전히 설렘으로 방문한다. 가기 전 날이면 어김없이 아름다운 문구와 작고 정성 가득한 선물들을 가득 담은 꾸러미를 챙겨 든다. 선배는 20년 동안 날마다 거꾸로 나이를 먹는다. 더 소녀 같고 더 행복한 미소를 가득 띠운다.

# Pride

# 나눔의 문화

우리 회사에는 오랫동안 이어져 온 좋은 문화가 있다. 나눔 문화다. 밤새 만든 자료를 값없이 나눠준다. 선배들에게 모르는 것에 대해 질문하면 1시간이든 2시간이든 시간에 구애 받지 않고 알려준다. 누군가의 성취를 진심으로 축하해 준다. 이뿐만이 아니다. 고객에게 주려고 쌓아 놓은 선물을, 얼굴 보고 인사만 해도, 손에 들려준다. 고객 만날 때 빈손으로 가지 말라고 하면서. 이런 문화 속에서 성장한 나 역시 후배가 찾아오면 하나하나 진심으로 챙긴다. 밤새 만든 자료도 주고 선물도 주고 밥도 사주고 커피도 산다. 받은 게 많으니까 주는 것이 당연하다. 어떤 선배가 입사 후 주식과 도박으로 무너져 모든 것을 내려놓으려고 했던 적이 있다. 선후배의 도움으로 한 발, 한 발 올라와 지금은 높은 직책에 있다. 본인의 사명이 자신과 같은 좀비들을 깨우는 것이라며 타 지점 후배들 출근까지 챙기며 에너지를 북돋아 주신다. 궁금한 걸 단체 톡 방에 올리면 어떻게 대처하는 게 좋은지에 대한 노하우와 그것과 관련된 자료를 포함한 댓글이 수도 없이 달린다. 이런 문화를 가지고 있는 조직의 미래는 어떻게 될까? 분명 더욱 성장하고 발전될 거라 확신한다.

최근 내가 지지하고 지원하는 문화가 하나 있다. 실패담을 이야기하며 도전한 것에 대해 박수를 치는 것이다. 성공담은 이미 많이 들었다. 부지런했으니까, 노력했으니까, 운이 좋았으니까, 용기가 있었으니까, 좋은 사람을 만났으니까. 그래, 당신은 나와 다르군요. 난 부지런하지도 않고, 겁도 많으며, 똑똑하지도 않아요. 끈기도 없어요, 도망가고 싶어요, 상처받기 싫어요, 죽을 만큼 힘을 내야 살아남거나 성공하는 것이라면 난 안될 것 같아요.

사실, 나도 당신과 같은 사람이다. 두렵고 상처받고 포기하고 싶고 좌절한다. 이런 마음을 나눌 수 있는 동료가 있어 힘이 난다. 당신은 나의 거울이다. 같이 힘을 내자. 한 발, 한 발 함께 내딛자. 혼자 가면 빨리 가지만 함께 가면 멀리 간다고 함께 격려하며 멀리 가보자.

경쟁 사회는 누군가를 밟고 올라가야 성공의 길에 오를 수 있다고 한다. 그러면 위로 올라갈수록 만나게 되는 사람은 누군가를 누르거나 이용하는 사람이어야 하는데, 내가 아는 성공한 사람들은 베푸는 삶을 산다. 본질을 꿰뚫어 보는 사람들이다. 자신을 속이지 않고 내면의 소리에 민감하다. 심플하고, 한마디 말을 해도 그 말에 힘이 있다. 내가 기대하는 문화는 실패를 이야기하더라도 그 과정을 격려하며 서로를 존중하는 문화다. 그래서 우리 애가 군대 다녀온 후 입사해 이 일을 즐겼으면 좋겠다. 쉽지는 않지만 멋진, 보험설계사라는 직업이 존경과 사랑을 받는 날이 왔으면 좋겠다.

# 스터디 문화

우리 회사의 좋은 문화 중 하나는 스터디 문화다. 스터디 그룹을 만들어 정보를 교환하고 서로 배우며 성장한다. 지점에서 교육도 받고 많은 영업 기술을 배우지만, 어느 정도 성장하면 다른 물이 필요하다. 스터디를 통한 동기부여 시스템은 큰 활력소가 되며, 새로운 정보를 빠르게 도입할 수 있는 장점이 있다. 내가 참여하는 스터디 그룹은 셋이다.

하나는 FC(Financial Consultant, 보험설계사) 스쿨이다. 이 모임은 상반기와 하반기, 1박 2일 워크숍이 메인이다. 1박 2일 동안 시대를 선도하는 이들의 강의를 들으며 배우고 성장하는

장을 마련한다. 하늘같은 선배가 있고, 이제 막 세일즈를 시작한 까마득한 후배도 있다. 개성이 다른 선후배가 모여 1박 2일의 워크숍을 마치면 끈끈해진 동료애가 넘친다. 단체 톡 방에서 영업에 관한 질문과 해답이 활발히 오고 간다. 눈으로 읽기만 해도 지식이 쌓인다. 최근 FC 스쿨의 운영진으로 봉사했다. 일이 정말 많았다. 봉사자들의 헌신과 노력을 받고 누리기만 했던 것이다. 그동안 수고하신 한 분 한 분의 노고에 새삼 감사했다.

또 하나는 소나무다. 늘 푸른 소나무처럼 오래도록 가자고 만든 스터디이다. 난 이 스터디와 함께 성장했다. 회원이 열 명이다. 서로간에 경쟁이 치열하다. 정보를 살짝만 보여줘도 그 가치를 200% 활용한다. 모임이 있는 날, 실적을 공유하여 치열하게 1위, 2위를 다툰다. 작은 아이디어들이 시너지를 일으켜 높은 부가가치를 창출한다. 서로가 서로에게 선의의 경쟁자이고 서로를 뜨겁게 응원하는 팬이기도 하다. 도움을 구하면 언제든 달려와 주고 나태해지면 자극이 되어주며 끌어주는 멋진 스터디 그룹이다.

마지막 하나는 여자들로 구성되어 있다. 약관공부를 하고 영업의 근간이 되는 기본 지식을 나누며 함께 성장하는 그룹이다. 여자들로만 이루어져 있어 깊은 속마음을 나누며 깊은 애정을 과시한다.

  이런 활동을 하며 일은 언제 하느냐 묻는다. 이런 모임들이 있어 일을 더 잘하게 된다. 더 높은 목표가 생기고 일에 집중력이 더 생긴다. 새로운 스타일을 겸손하게 배운다. 나 역시 작은 정보 하나라도 나눠 주고 싶어 밤을 새우며 자료를 만든다. 그런 시간이 나를 성장하게 만든다. 사랑할 때 성장한다. 스터디에 대한 애정이 커질수록 내가 성장한다. 스터디 문화가 있는 회사는 성장한다.

# 격려의 문화

회사는 실적에 따라 금액을 지급하거나 여행을 보내준다. 전체 순위로 1년을 평가하는 컨벤션 시상이 있고 7월, 8월 두 달의 업적으로 평가하는 서머 시책이 있다. 여름에 많은 사람이 휴가를 가며 느슨해지니, 회사는 두 달 업적으로 순위를 정해 800등 안의 세일즈맨을 위한 특별 여행을 마련한다. 나도 서머 페스티벌 순위에 들어 여행이 가고 싶었다. 열심히 해 실적이 좋아지면 급여도 올라가고 공짜 여행도 다녀올 수 있으니 얼마나 좋을까! 그런데 두 달 안에 달성해야 하는 목표가 너무 높기만 했다. 열심히 고객을 만나 부지런히 일해도 목표는 멀

게만 느껴졌다. 7~8월에 열심히 일하다 보면 수치가 나온다. 달성할 수 없을 것 같은 마음이 들기 시작하고 버겁게 느껴진다. 그럼 다른 계획을 세우기 시작한다. "그래, 아이들이랑 여름휴가나 가자. 충분해." 회사에 입사하고 3년을 그렇게 보냈다. 운이 좋아 고객이 찾아와 엄청난 금액의 계약을 하지 않는 한, 내게 서머는 이를 수 없는 높은 벽이다.

그런데 2015년 여름은 달랐다. 이혼 후 맞이하는 첫 서머였고, 이번에는 물러서고 싶지 않았다. 더 열심히 일하려니 방학이라 집에 있는 아이들을 아침부터 돌봐 줄 곳이 필요했다. 큰아이는 큰오빠 집으로, 둘째 다엘이는 이모네 집으로, 막내는 철원 할머니 집으로 보냈다. 그리고 내게 주어진 한 달 반 동안 일에 집중했다. 집에 돌아오면 아이들이 없어 집이 깨끗하다. 크게 청소할 것이 없고 시간 여유가 생겼다. 석촌호수를 한 바퀴 돌고 와도 에너지가 남았다. 조용한 집에서 머리도 차분해지고 새로운 아이디어도 생겼다.

그 해 여름 여행으로 선정된 곳은 하와이였다. 동기부여의 일환으로 지점에서는 작은 우편함을 만들었다. 하와이 가는 비행기에서 읽을 편지를 자신에게 써 넣으라는 것이다. 나는 이렇게 썼다. "멋진 윤혜영, 이번 여름은 하와이구나. 서머를 처음으로 달성해 여행 가게 된 것 축하해. 고객에게 신실하고 끝까지 최선을 다해 4박 6일의 하와이 여행을 가는 네가 자랑스럽다. 축하한다." 나는 그해 서머를 거뜬히 달성했다. 하와이로 가는 비행기에서 그 편지를 읽지는 않았다. 이미 외우고 있기에 읽을 필요가 없었다. 호텔 환영 바구니에는 현지에서 구매한 선물과 축하 메시지와 현금이 든 봉투가 있었다. 위너스 파티도 멋졌다. 깊은 밤 하와이 해변에 툭툭 떨어지는 별똥별을 보며 소원을 빌고 새벽 일출까지 보고 돌아왔던 기억이 아직도 선명하다. 공짜 여행이 이렇게 달콤하다니! 더 열심히 일하고 싶은 마음이 저절로 들었다. 그때부터 지금까지 회사 시책 여행은 놓쳐 본 적이 없다. 하와이, 시드니, 푸켓, 하노이, 방콕, 괌, 제주도 등등.

## 내게 MDRT란?

MDRT란 'Million Dollar Round Table(백만 달러 원탁회)'의 약자로, 고객의 이익을 최우선으로 여기는, 2021년 기준 세계 70개국, 500여 개 회사에 소속된, 생명보험업계의 보험·재무 설계사들이 모여 있는 범세계적인 재정전문가협회®이다. MDRT는 1927년 미국 테네시 주에 있는 멤피스에서 처음 시작되었다고 한다. 생명보험 판매 분야에서 명예의 전당으로 인식되고 있다. 오늘날 MDRT는 생명보험 판매 서비스의 질적 수준을 높이고 각 회원의 전문성 고취를 위해 강연을 포함한 다양한 콘텐츠를 제공한다. 해마다 회원 상호 간의 세일즈 아이디어와 노하우를 교류하는 세계적 규모의 연차총회도 개최하고 있다. MDRT의 모든 회원은 설립 초기와 마찬가지로 고객의 이익을 최우선의 가치로 두는 보험·재무 설계사일 뿐만 아니라, 나아가 나눔의 정신을 실천하는 헌신적인 사회봉사자들이기도 하다. 네이버 지식인에 나오는 MDRT에 대한 문구이다.

2018년부터 MDRT 회원이 되었다. 2019년 마이애미에서 열린 연차총회에 참석하여 자부심도 커졌다. 90세의 할아버지가 자전거를 끌고 단상에 올랐다. 67년 동안 보험을 했고 30년을 제외한 나머지 시간은 MDRT 회원으로 지냈다 한다. 숨이 멎지 않는 한, 자전거 페달을 계속 밟아 나갈 것이라고 한다.

그의 이름은 보험업계의 전설이 된 'E. 베이커'다. 우리나라에 "세일즈 노트"로 소개된 책의 저자 '토니 고든'도 만났다. 차에서 수십 번도 더 들었던 그 책의 주인공과 함께 사진도 찍었다. 한국 회원들이 유난히 좋아하는 연사는 '솔로몬 힉스'다. "넘버원 세일즈맨의 비밀수첩"이라는 책으로 알려져 있다. 우리나라에서 강연한 적도 있다. 그는 흑인이라 차별을 받으며 두 시간 이상 걸리는 거리를 버스로 출퇴근했다. 힘든 보험 세일즈를 시작한 후, 세일즈 비밀수첩의 효력으로 넘버원이 되어 지금은 보험업계의 재벌이다. 부를 얻은 과정도 감동이지만,

그의 인품과 리더십이 더욱 우리를 감동케 한다. 연차총회에서는 이런 전설 같은 분들과 이야기를 나눌 수 있다. 세계 각국의 사람들이 만나, 세일즈 아이디어를 공유하고 서로 격려하며 멋진 워크샵을 갖는다. 한국 각각의 보험사도 그곳에서 한마음이 된다. 회원의 밤 행사에서 함께 파티를 즐기며 좋은 정보도 아낌없이 공유한다.

내가 입사한 회사는 우리나라 보험업계에서 가장 소통이 잘 되는 영업조직으로 유명하다. 후배가 들어와 뭔가를 궁금해 하면 입에 있는 사탕도 빼서 줄 지경이다. 주식에 관한 이해가 너무 어렵다고 생각한 순간, 선후배를 통해 멋진 ppt로 요약된 정보를 값없이 누린다. 조직의 문화가 얼마나 가치 있는 것인지 이곳에 입사해 배웠다. 나 역시 며칠 몇 날 밤을 새워 만든 자료가 있더라도 후배가 찾아와 배우고 싶다고 하면 몽땅 알려준다. 심지어 후배 이름을 넣어 만들어 주기도 한다.

마이애미 연차총회에서 가장 감동적인 강연은 회장 레지나의 연설이었다. 레지나는 남편의 폭력과 중독에서 아이를 지키기 위해 이혼한 후 보험을 시작했다고 한다. 세 명의 아이들을 모두 훌륭하게 키웠다. 그 후, 소외되고 재정적 독립이 필요한 싱글맘들과 함께 성장했다고 한다. 그녀의 명성과 인품이 세계 MDRT 회장이 되게 했다. 강연 후 용기를 내 그녀를 찾아갔다.

"나 역시 이혼 후 세 아이를 혼자 키우고 있는데, 당신의 이야기가 내게 감동과 힘을 준다."고 했다. 내 뒤에 그녀를 만나려는 사람들이 100명은 더 줄 서 있었는데, 내 이야기를 들은 레지나는 갑자기 나를 꼭 안아주었다. 그 어떤 말로 표현할 수 없는 값진 위로의 순간이었다. 레지나처럼 멋진 리더가 될 수 있을까? 배우고 성장하고 싶다. 나와 같은 여자들에게 좋은 모델이 되고 싶다. 누군가를 안아 줄 수 있는 넓고 따뜻한 가슴을 갖고 싶다. 연차총회에서 배우는 것은 기술보다 마음이다. 오래 지속하며 고객과 함께 성장하고 싶은 뜨거운 마음을 그곳에서 얻게 된다. 나눔과 실천, 정도 영업과 전문성으로 함축되는 보험인의 타이틀인 MDRT. 내게 MDRT란 자부심이다.

◀ 마이애미 연차총회

# 젊고 건강한 내가
# 미래의 늙은 나에게

은퇴 후의 삶을 기대하며 저축했다. 막상, 은퇴하고 예쁜 집을 짓고 인생 2막을 시작하려는 순간 뜻하지 않은 사고를 맞았다. 정기 검진으로 병원에 갔더니 혈액암이다. 이제 예쁜 집을 막 지어 놓았고, 아이들도 대학을 졸업했고, 부부가 즐겁게 여행 다니며 그동안 미뤄 놓았던 세계 일주도 하려는 찰나였다. 그 기분을 이해할 수 있을까? 아끼고 저축하며 미래의 나에게 양보하며 지내온 순간들이 주마등처럼 스쳐 간다. 내 고객의 이야기다.

또 다른 고객은 손주가 3명이다. 귀염둥이 막내는 이란성 쌍둥이다. 안면도의 작은 마을 선주이신 고객은 꼬마들을 배에 태우고 바닷가로 나가 낚시도 하고, 귀염둥이들과 즐거운 노후를 보내고 계셨다. 덕망 높으신 그분은 해마다 하는 검진에서 아무 이상 없었다. 몸이 계속 마르고 기침이 사라지지 않아 큰 병원에 가보라 해서 서울 큰 병원에 갔더니 폐암 3기라고 한다. 눈에 세 꼬마 아이들이 아른거린다.

요양보호사로 일하는 고객은 유방암 진단을 받았다. 수술 후 치료에 전념한 결과 몸이 좋아졌다가, 두 해가 지나 폐로 전이되었다. "왜 이런 일이 자꾸 생기는지, 속상하다."고 한다. 내가 해드릴 것이 아무것도 없다. 그 무엇도 위로가 되지 않는다. 묵묵히 빠르게 보험금 청구를 도와드린다. 존스 홉킨스 의과 대학에서 연구한 통계에 의하면 실제로 암은 66%가 변칙적으로 발생한다고 한다. 유전적이거나 환경적 요인은 30% 미만이라고 한다. 원망하고 싶어도 원망할 대상이 없다. 결국, 나 자신밖에.

소중한 내 친구는 미혼이다. 가슴에 멍울이 만져져 병원에 갔더니 유방암 초기다. 억울한 마음이다. 급여를 자주 미루며 일만 많이 시켰던 사장도 원망스럽고, 성실하게 교회에 나가 봉사하던 시간도 억울하게 느껴진다. 왜 내게 이런 시간이 왔을까?

유난히 금슬이 좋던 내 친구는 남편을 방광암으로 하늘나라에 먼저 보냈다. 남편이 좋아하는 꽃을 한아름 사다가 거실에 두고 향기로 집을 가득 채운다. 남편 없이 떠난 첫 여행은 하나도 즐겁지 않았다. 눈물만 가득 흘리고 왔다고 한다.

내 직업은 좀 독특하다. 선입견과 편견도 많은 직업이다. 보험을 세일즈 하는 보험설계사다. 눈에 보이지 않는 것을 세일즈 한다. 값을 지불한 후, 사고가 나면 돈이 입금된다. 대부분 돈을 지불한 후 사용하면 낡아지기 마련인데, 이 상품은 사고가 나는 순간 돈이 나온다. 사고 난 이후에는 사고 싶어도 살 수 없다. 팔지 않는다. 내 세일즈에는 고객서비스가 포함되어 있는데, 아픈 순간 빛을 발한다. 주로 서류 업무를 통해 보험금을 타 드리지만, 손을 꼭 잡아드리며 묵묵히 과정을 함께 한다. 힘든 순간이 올 때도 많다. 고객님을 하늘나라로 보내드릴 때다. 남겨진 가족에게 필요한 절차를 이야기 해 드린다. 대체로 우리나라는 3일 장을 치르고 상속세와 세금 문제 명의 변경과 크고 작은 서류 업무들이 기다린다. 자식이 없는 부부의 경우, 남편이 죽자 남겨진 아내가 유산을 받아야 하는데, 넘겨받기까지 절차가 엄청 복잡하다. 몇 십 년 전에 돌아가신 남편 부모님의 서류까지 떼어 접수해야 한다. 하나뿐인 가족을 잃은 슬픔도 큰데 말도 안 되게 오래전 돌아가신 남편 부모님의 서류까지 어렵게 발급받아야 하니 너무 까다로운 절차에 눌려 정신을 못 차릴 지경이다. 또한, 장례를 치르고 난 후 사망 보험금을 타려고 하면 법정 상속인으로 되어 있는 경우가 많은데, 외국에 사는 아들이 오기까지는 받을 수가 없다. 또한, 미성년자 자녀들이 있을 경우는 엄마의 동의만으로 되지 않고 시댁 식구를 대리인으로 임명해야 한다. 남편 사망 보험금을 아내가 냈음에도 불구하고 시댁 동의를 구해야 한다. 이뿐 아니다. 어렵고 복잡한 문제들이 곳곳에 숨어 있다. 그 과정을 함께 한다. 내가 세일즈 하는 것은 눈에 보이지 않는 것들이다.

젊고 건강한 내가 미래의 병들고 아픈 나와 가족에게

젊고 돈 버는 내가 미래 소득이 끊긴 나와 가족에게

미리 치료비와 생활비를 송금하는 최고의 선물을 사게 하는 일

그리고 그 과정을 함께 하는 일

# Epilogue

소원 카드의 실제 이름은 유서다. 유서라고 하면 왠지 무겁고 죽음을 떠올리는 선입견이 생겨 소원 카드라고 적었다. 예전에는 회사 청약서 뒷장에 유서 쓰는 빈 칸이 있었다. 가족에게 남기고 싶은 메시지 란에 가장들의 글을 받아 오곤 했다. 요즘은 아이패드로 청약하다 보니 자필로 쓰는 유서란이 없다. 유서를 남겨 놓는 것은 좋은 아이디어인데 아쉽다. 갑작스러운 사고에 대비해 남겨질 가족을 위해 기록을 남겨 두면, 사고 후 남은 가족에게 큰 격려와 위로가 된다. 고객을 만나 유서를 써보자고 자주 권한다. 실제로 어색해하다가 막상 펜을 들면 진지해진다. 눈시울을 적시기도 한다. 유서는 내가 잘 보관한다. 아버지가 돌아가신 후 방황하는 아들에게 선배가 갖고 있던 유서를 보여 준 후, 아들이 마음잡고 노력해 대학에 갔다고 한다. 사랑이 담긴 글은 힘이 있다. 유서를 다시 써 보았다.

사랑하는 결이, 멜이, 빛이!

엄마가 불의의 사고로 죽는다면 장례식은 밝은 분위기였으면 좋겠다. 목포에 좋은 홍어를 주문해 장례 음식과 함께 내놓고, 참석한 한 분 한 분 찾아뵙고 감사 표현도 하렴. 사망 보험금이 나오면 공평하게 나눠라. 셋으로 나누면 금액이 줄어드니, 한 데 모아 집을 사고 지분을 나누는 방법이 좋다. 현명하게 조언해 줄 이모와 삼촌을 만나 재테크 하렴. 엄마의 기일에 각자의 배우자는 빼고 셋이 모여 맛있는 음식도 먹고 사진도 찍어 두렴. 삶의 기록들이 모여지도록. 셋이 함께 모이는 것이 즐겁다면 너희들 우애가 깊은 것이니 하늘에서 엄마가 잘 키웠구나 여기며 흐뭇할 것 같아. 힘들 때 위로가 되고 서로에게 짐이 되지 않도록 스스로 자신을 돌볼 수 있는 각자가 된다면 또한 기쁘고 대견할 거야.

엄마의 자랑스러운 세 아이로 세상에 태어나줘, 감사해.

두리번거리는 분주한 눈빛보다 지그시 눈을 감고 자신의 내면의 목소리에 귀 기울이는, 자존감 높은 사람으로 자신 있게 자신의 삶의 길을 향해 전진해 나아가길 바란다. 사람을 귀하게 여기고 싫은 것은 '싫다'고 말할 수 있는 용기와 따뜻한 심장으로 사람들의 사랑을 듬뿍 받길 기도한다. 사랑한다.

2023. 5월
나에게 무한 에너지를 북돋아 준 세 아이에게 감사하며 즐거운 책 쓰기를 마무리한다.

아이 셋
싱글맘,
연봉 3억